Rachida Meliani

Les Codes Correcteurs d'Erreurs Code LDPC(Low Density Parity Check)

Fayssal Menezla
Rachida Meliani

Les Codes Correcteurs d'Erreurs Code LDPC(Low Density Parity Check)

LES Codes LDPC (Low Density Parity Check)

Éditions universitaires européennes

Impressum / Mentions légales

Bibliografische Information der Deutschen Nationalbibliothek: Die Deutsche Nationalbibliothek verzeichnet diese Publikation in der Deutschen Nationalbibliografie; detaillierte bibliografische Daten sind im Internet über http://dnb.d-nb.de abrufbar.
Alle in diesem Buch genannten Marken und Produktnamen unterliegen warenzeichen-, marken- oder patentrechtlichem Schutz bzw. sind Warenzeichen oder eingetragene Warenzeichen der jeweiligen Inhaber. Die Wiedergabe von Marken, Produktnamen, Gebrauchsnamen, Handelsnamen, Warenbezeichnungen u.s.w. in diesem Werk berechtigt auch ohne besondere Kennzeichnung nicht zu der Annahme, dass solche Namen im Sinne der Warenzeichen- und Markenschutzgesetzgebung als frei zu betrachten wären und daher von jedermann benutzt werden dürften.

Information bibliographique publiée par la Deutsche Nationalbibliothek: La Deutsche Nationalbibliothek inscrit cette publication à la Deutsche Nationalbibliografie; des données bibliographiques détaillées sont disponibles sur internet à l'adresse http://dnb.d-nb.de.
Toutes marques et noms de produits mentionnés dans ce livre demeurent sous la protection des marques, des marques déposées et des brevets, et sont des marques ou des marques déposées de leurs détenteurs respectifs. L'utilisation des marques, noms de produits, noms communs, noms commerciaux, descriptions de produits, etc, même sans qu'ils soient mentionnés de façon particulière dans ce livre ne signifie en aucune façon que ces noms peuvent être utilisés sans restriction à l'égard de la législation pour la protection des marques et des marques déposées et pourraient donc être utilisés par quiconque.

Coverbild / Photo de couverture: www.ingimage.com

Verlag / Editeur:
Éditions universitaires européennes
ist ein Imprint der / est une marque déposée de
OmniScriptum GmbH & Co. KG
Heinrich-Böcking-Str. 6-8, 66121 Saarbrücken, Deutschland / Allemagne
Email: info@editions-ue.com

Herstellung: siehe letzte Seite /
Impression: voir la dernière page
ISBN: 978-613-1-58412-1

Zugl. / Agréé par: UNIVERSITE DE SIDI BEL-ABBES

REPUBLIQUE ALGERIENNE DEMOCRATIQUE ET POPULAIRE

*MINISTERE DE L'ENSEIGNEMENT SUPERIEUR
ET DE LA RECHERCHE SCIENTIFIQUE*

*UNIVERSITE DJILLALI LIABES DE SIDI BEL-ABBES
FACULTE DES SCIENCES DE L'INGENIEUR
DEPARTEMENT D'ELECTRONIQUE*

livre

LES CODES CORRECTEURS D'ERREURS

LES CODES LDPC (Low Density Parity Check)

Présenté par :

Rachida MELIANI
Fayssal MENEZLA

2013

RÉSUMÉ

Dans ce livre, nous nous intéressons à l'étude d'une nouvelle classe très générale de codes LDPC, nommés codes LDPC hybrides. Dans la première partie est introduite l'étude générale d'une chaine de transmission numérique, ainsi que les principes de fonctionnement de chaque bloc qui constituent la chaine de transmission. Bien sûr que l'étude des modulations a aussi fait l'objet d'étude dans cette partie. La deuxième partie est consacrée à l'étude générale des codes correcteurs d'erreurs, en particulier les codes en blocs qui par suite nous ont amené à une nouvelle classe de codes LDPC, nommés codes LDPC hybrides qui est le thème de ce projet de fin d'étude. Ces derniers (codes LDPC hybrides) permettent donc d'obtenir de bonnes performances en termes de correction d'erreurs.

Mots clefs : codes LDPC – Turbo-codes – codes LDPC hybrides.

SOMMAIRE

Introduction Générale

Nous vivons dans l'ère des télécommunications et de l'information. Lors des deux dernières décennies, les communications numériques ont beaucoup évolué.De nos jours, l'information est dans la plupart des cas véhiculée sous forme numérique, que ce soit sur support filaire (fibres optiques), ou en onde radio, réseaux cellulaires ou réseaux locaux sans fil ou bien des systèmes de stockage de l'information.

Cette évolution a été déclenchée et entretenue par une forte demande de transmission et de traitement fiable, rapide et efficiente de l'information de tous les types (traitement de la voix, des données ou des images).

En plus, la quantité d'information transmise est très grande et la transmission est faite dans des circuits d'une grande complexité et donc lents. Les communications numériques ont permis de contrer ces inconvénients, en appliquant des méthodes de traitement numérique du signal, on réussit à protéger le signal de manière plus efficace.

Le codage de canal (numérique) transforme la séquence d'information utile en une séquence discrète codée nommée mot de code.

En 1948, Shannon [5] a démontré que lorsque le taux de transmission du système est inférieur à la capacité du canal de transmission, les erreurs causées par le bruit du canal peuvent être réduites à un niveau arbitrairement bas par l'utilisation d'un codage et d'un décodage approprié. À partir de ce moment-là, les chercheurs ont commencé à étudier différentes méthodes de construction des codes correcteurs d'erreurs.

Les années 1980's et 1990's ont amené d'autres dimensions de développement des ces codes, en ajoutant les codes non-binaires et les méthodes itératives de décodage à décision souple, en utilisant principalement les codes en blocs et les codes convolutifs.

Les codes en bloc peuvent être linéaires ou non-linéaires. Les codes en blocs linéaires peuvent être cycliques ou non-cycliques. La première classe de codes blocs linéaires a été découverte par Richard W. Hamming[100] en 1950. Elle est appelée codes de Hamming. Ces derniers corrigent les erreurs simples.

La deuxième classe est formée par les codes linéaires de Reed-Muller découverts par Davey Muller [28] et Irwin S. Reed [34] en 1954 : ils sont efficaces pour la correction des erreurs aléatoires multiples.

Une autre classe importante de codes blocs est les codes Golay [38]. Ils ont beaucoup été utilisés dans les communications par satellite.

Les codes BCH sont une généralisation des codes de Hamming et sont de codes cycliques. Un cas particulier de ce code est le code de Reed-Solomon [34].

1

Les codes LDPC font partie de la classe des codes en bloc linéaires et s'approchent davantage de la limite de Shannon.

Le chapitre I présente une étude généralisée sur la chaine de transmission numérique. Lescodes correcteurs d'erreurs serontétudiés en détail dans le chapitre II de ce mémoire.

Enfin, on terminera notre mémoire par l'étude des codes LDPC hybrides qui seront étudiés en détail. Ensuite, nous présenterons nos résultats de simulation, l'interprétation de ces résultats et enfin quelques perspectives.

Chapitre I

Chaine de Transmission numérique

I.1. Introduction

Les systèmes de transmission numérique [115] véhiculent de l'information entre une source et un destinataire en utilisant un support physique comme le câble, la fibre optique ou encore, la propagation sur un canal radioélectrique.

Les signaux transportés peuvent être, soit directement d'origine numérique, comme dans les réseaux de données, soit d'origine analogique (parole, image...) mais convertis sous une forme numérique.

La tache d'un système de transmission est d'acheminer l'information de la source vers le destinataire avec le plus de fiabilité possible. On se limite aux fonctions de base :

♦ La source émet un message numérique sous la forme d'une suite d'éléments binaires.

♦ Le codeur de source supprime les éléments binaires non significatifs (Compression de données ou codage de source).

♦ Le codeur canal introduit de la redondance dans l'information en vue de la protéger contre le bruit présent sur le canal de transmission. Le codage de canal n'est possible que si le débit de la source est inférieur à la capacité du canal de transmission (La probabilité d'erreur P_e tend dans ce cas vers zéro d'après les travaux de Shannon [5]).

♦ La modulation a pour rôle d'adapter le spectre du signal au canal (milieu physique) sur lequel il sera émis.

♦ Enfin, du coté récepteur, les fonctions de démodulation et de décodage sont les inverses respectifs des fonctions de modulation et de codage situés du coté émetteur.

Les trois caractéristiques principales permettant de comparer entre elles les différentes techniques de transmission sont les suivantes :

- *La probabilité d'erreur* ‘*Pe*’ par bit transmis, permet d'évaluer la qualité d'un système de transmission. Elle est en fonction de la technique de transmission utilisée, mais aussi du canal sur lequel le signal est transmis. En pratique, elle est estimée par le Taux d'Erreur par Bit ‘TEB’.

- *L'occupation spectrale* du signal émis doit être connue pour utiliser efficacement la bande passante du canal de transmission. On est contraint d'utiliser de plus en plus des modulations à grande efficacité spectrale.

- *La complexité du récepteur* est le troisième aspect important d'un système de transmission.

I.2. La chaîne de transmission numérique

Le schéma du principe d'une chaîne de transmission numérique [111] est représenté sur la figure I.1. On peut distinguer : la source de message, le milieu de transmission et le destinataire, qui sont des données du problème le codage et le décodage de source, le codage et le décodage de canal. L'émetteur et le récepteur représentent les degrés de liberté du concepteur pour réaliser le système de transmission. Nous allons maintenant décrire de façon succincte les différents éléments qui constituent une chaîne de transmission en partant de la source vers le destinataire.

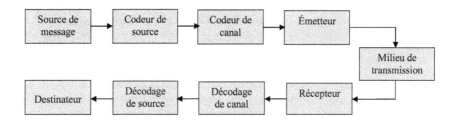

Figure I.1. Principe d'une chaine de transmission numérique

I.2.1. La source de message

Pour réaliser une transmission numérique [115], le message à transmettre doit être sous forme numérique. Si la source délivre un message analogique tel que le signal de parole (sortie d'un microphone) ou le signal d'image (sortie d'une caméra), il faut le numériser en échantillonnant le message analogique puis en quantifiant les échantillons obtenus. Chaque échantillon quantifié est ensuite codé sur 'm' bits.

I.2.2. Le codage de source

Le codage de source [111] consiste à supprimer la redondance contenue dans les messages de la source d'information. Il peut être avec ou sans pertes d'information. La compression avec pertes vise les signaux numérisés (image, audio ou vidéo).

Après numérisation et codage, la source de message numérique est caractérisée par son débit binaire D, défini comme le nombre d'éléments binaires émis par unité de temps. D est donné par l'expression suivante :

$$D= 1/T \text{ (bit/s)} \quad \text{où} \quad T \text{ est la durée d'un bit.}$$

Donnons quelques exemples numériques de débit binaire en sortie de sources numérisées et codées.

La numérisation du signal de parole, préalablement limité à la bande 300-3400 Hz en téléphonie, est réalisée en échantillonnant ce signal à la fréquence de 8 kHz, puis en codant les échantillons quantifiés sur $m = 8$ bits. Ainsi après numérisation, le signal de parole est transformé en une source numérique ayant un débit binaire de 64 kbit/s ; ce codage de la parole est connue sur le nom de « codage MIC » (Modulation par Impulsion Codée).

Avec un codage de source [114] plus élaborée, ce débit de 64 kbit/s peut être réduit à 32 kbit/s sans dégradation de la qualité subjective de la parole. Des algorithmes permettant d'atteindre des débits de 16 et 8 k bit/s ont même été adoptés récemment par les organismes internationaux de normalisation. Pour le radiotéléphone cellulaire numérique européen (GSM-Global System Mobile), ce débit a été ramené à 13 kbit/s.

Pour un signal vidéo correspondant à une cadence de transmission de 25 images par seconde, la fréquence d'échantillonnage du signal de luminance est de 13.5 MHz et de 6.75 MHZ pour les deux signaux de chrominance. Le codage des échantillons quantifiés étant réalisé sur *m = 8* bits. Le signal vidéo après numérisation est transformé en une source numérique ayant un débit binaire de 243 Mbit/s dont 27 Mbit/s sont réservés à des fonctions de synchronisation.

Des techniques de codage de source [87] permettent actuellement de réduire ce débit à 8 Mbit/s sans pratiquement altérer la qualité subjective des images, et pour des applications spécifiques il est possible de réduire encore ce débit binaire. Pour le visiophone par exemple, le signal vidéo est codé avec 64 kbit/s.

I.2.2.1.Théorie de l'information et entropie

Pour quantifier la notion d'information, Shannon [5] utilise l'idée suivante : supposons une source d'information, qui peut engendrer un nombre fini N de différents mots, le mot numéro n apparaissant avec une probabilité p_n.

Comment quantifier notre degré d'incertitude sur le prochain mot qui va sortir de cette source ? Si tous les événements sont équiprobables (donc si $p_n = 1/N$), l'incertitude doit évidemment augmenter avec N. Par ailleurs si les mots sont engendrés en deux temps, commençant par un choix d'une certaine famille de mots, suivi par le choix d'un mot au sein de la famille, notre incertitude devrait être la somme de l'incertitude liée au choix de la famille, plus celle liée au choix du mot dans la famille.

Remarquablement, ces deux hypothèses de bon sens jointes à une condition naturelle de continuité, imposent le résultat. On peut en effet en déduire, après quelques calculs, que l'incertitude de la source est donnée par Shannon [5] est :

$$H = -\sum_n P_n \log_2 P_n \qquad \text{I.1}$$

Le choix de la notation H, habituel en théorie de l'information, interfère malheureusement avec l'Hamiltonien en physique statistique, mais le lecteur attentif ne devrait pas faire la confusion entre ces deux objets très différents.

L'unique arbitraire est un choix d'unité de mesure, correspondant au choix de la base du logarithme. Le choix habituel du logarithme en base 2 correspond à une mesure de l'incertitude en 'binary digits', ou 'bits'.

Cette mesure d'incertitude est aussi une mesure de l'information qui nous manque pour connaître le mot envoyé, et induit donc une définition de la quantité d'information d'une source aléatoire.

Si par exemple on reçoit un mot, ce mot nous apporte une certaine quantité d'information. En moyenne, cette quantité d'information n'est autre que H.

I.2.3. Le codage de canal

Le codage de canal [100], aussi appelé codage détecteur et/ou correcteur d'erreur, est une fonction spécifique des transmissions numériques, qui n'a pas son équivalent en transmission analogique. Le codage de canal consiste à insérer dans le message des éléments binaires dits de redondance suivant une loi donnée.

Cette opération conduite donc à une augmentation du débit binaire de transmission. Le décodeur de canal, qui connaît la loi de codage utilisée à l'émission, vient vérifier si cette loi est toujours respectée en réception. Si ce n'est pas le cas, il détecte la présence d'erreurs de transmission qu'il peut corriger sous certaines conditions.

Pour illustrer la fonction de codage de canal, considérons l'exemple suivant : supposons que l'on insère un élément binaire, dit de parité, tous les éléments binaires du message, de telle sorte que la somme de ces éléments binaire soit paire.

En testant la parité de cette somme, le décodeur pourra détecter toutes les erreurs de transmission en nombre impair parmi ces éléments binaires.

Ce code, appelé code de parité ne permet pas, à l'évidence, de corriger les erreurs de transmission, mais simplement de détecter la présence des erreurs, ce qui permettrait, par exemple, de demander la retransmission du message.

La fonction de codage de canal n'est pas toujours utilisée car elle accroît la complexité des équipements de transmission et donc leur coût.

I.2.4. L'émetteur

Le message numérique [111], en tant que suite d'éléments binaires, est une grandeur abstraite. Pour transmettre ce message il est donc nécessaire de lui associer une représentation physique, sous forme d'un signal. C'est la première fonction de l'émetteur, appelée généralement opération de modulation.

Plus précisément, la modulation consiste à associer à chaque mot de n éléments binaires issu du message, un signal S_i (t), avec $i = 1,\ldots\ldots\ldots,M$, de durée $T = nT_b$ choisi parmi $M = 2^n$ signaux, en fonction de ce mot.

Le message binaire de débit D est donc représenté par un signal, dont on définit alors la rapidité de modulation R (exprimée en Bauds), comme le nombre de signaux émis par le modulateur par unité de temps : $R=1/T$ (Bauds). On parle alors de transmission *M-aires* et dans ce cas, la rapidité de modulation R peut s'exprimer en fonction du débit binaire D par la relation : $R=D/ log_2M$.

I.2.5. Le canal de transmission :

Le canal de transmission [111] peut inclure le milieu de transmission, le bruit, mais aussi le filtre d'émission placée physiquement dans l'émetteur, ainsi que les antennes d'émission et de réception en espace libre.

La modélisation du milieu de transmission peut être très complexe comme nous montre la figure I.2. Le milieu peut se comporter comme un simple filtre linéaire, de réponse en fréquence H(f), mais aussi être non stationnaire (la réponse H(f) est alors une fonction du temps), ou présenter des non linéarités ou encore un effet doppler.

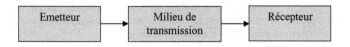

Figure I.2. Le canal de transmission

I.2.6. Le récepteur

Le récepteur [111] qui a pour fonction de reconstituer le message émis par la source à partir du signal reçu, comprend des circuits d'amplification, de changement de fréquence, de démodulation (pour les transmissions sur onde porteuse), de filtrage puis d'échantillonnage et de prise de décision.

Le changement de fréquence [111] et de démodulateur permet de ramener le signal modulé en bande de base. Le signal en bande de base est ensuite filtré puis échantillonné à des instants caractéristiques. Finalement un circuit de décision identifie la valeur des éléments binaires transmis à partir des échantillons reçus. Le choix effectué par le circuit de décision est binaire, décision 0 ou décision 1, ce qui correspond à une opération dite de « détection ».

I.3. Les modulations numériques

La modulation [115] a pour objectif d'adapter le signal à émettre au canal de transmission. Cette opération consiste à modifier un ou plusieurs paramètres d'une onde porteuse centrée sur la bande de fréquence du canal :

$$S(t) = A\cos(w_0 t + \varphi_0) \hspace{3cm} \text{I.2}$$

Les paramètres modifiables sont :

- L'amplitude : A

- La fréquence : $f_0 = \dfrac{\omega_0}{2\pi}$

- La phase: φ_0

8

Dans les procédés de modulation binaire, l'information est transmise à l'aide d'un paramètre qui ne prend que deux valeurs possibles, d'autant que dans les procédés de modulation *M-aires*, l'information est transmise à l'aide d'un paramètre qui prend *M* valeurs. Ceci permet d'associer à un état de modulation un mot de *n* symboles binaires. Le nombre d'états est donc $M = 2^n$.

Ces *n* symboles proviennent du découpage en paquets de *n* symboles du train binaire issu du codeur. Les types de modulations les plus fréquemment rencontrés sont les suivants :

a) Modulation par déplacement d'amplitude MDA *(Amplitude Shift Keying ASK);*

b) Modulation par Déplacement de Phase MDP *(Phase Shift Keying PSK);*

c) Modulation par Déplacement de Phase Différentiel MDPD *(Differential Phase Shift Keying DPSK);*

d) Modulation d'amplitude de deux porteuses en quadrature MAQ *(Quadrature Amplitude modulation QAM) ;*

e) Modulation par Déplacement de Fréquence MDF *(Frequency Shift Keying FSK).*

I.3.1. Définitions et appellations

Un symbole est un élément d'un alphabet [115]. Si *M* est la taille de l'alphabet, le symbole est alors dit *M-aires.* Lorsque *M = 2*, le symbole est dit binaire. En groupant, sous forme d'un bloc, *n* symboles binaires indépendants, on obtient un alphabet de $M = 2^n$ symboles *M-aires.*   Ainsi un symbole *M-aires* véhicule l'équivalent de $n = \log_2 M$ bits.

I.3.1.1. La rapidité de modulation (R)

La rapidité de modulation [115] (notée *R*) se définit comme étant le nombre de changements d'états par seconde d'un ou de plusieurs paramètres modifiés simultanément. Un changement de phase du signal porteur, une excursion de fréquence ou une variation d'amplitude sont par définition des changements d'états. Cette grandeur est exprimée en bauds.

$$R = \frac{1}{T} \quad \text{où} \quad T \text{ est la période}$$

I.3.1.2. Le débit binaire (D)

Le débit binaire [115] se définit comme étant le nombre de bits transmis par seconde. Il sera égal ou supérieur à la rapidité de modulation selon qu'un changement d'état représentera un bit ou un groupement de bits. Il est exprimé en bits par seconde.

$$D = \frac{1}{T_b} \text{ où } T_b \text{ est la durée du bit}$$

Pour un alphabet *M-aires*, on a la relation fondamentale : $T = nTb$ soit $D = nR$. Il y a égalité entre débit de source et rapidité de modulation uniquement dans le cas d'une source binaire (alphabet binaire).La qualité d'une liaison est liée au Taux d'Erreurs par Bit (*TEB*):

$$TEB = \frac{nombre \quad de \quad bits \quad erronés}{nombre \quad de \quad bits \quad transmis}$$

On notera la différence entre la probabilité d'erreurs P_e et le *TEB*. Au sens statistique, on a $P_e = E(TEB)$. Le *TEB* tend vers P_e si le nombre de bits transmis tend vers l'infini.

I.3.1.3. L'efficacité spectrale (η)

L'efficacité spectrale [115] d'une modulation est définit par le paramètre $\eta = \dfrac{D}{B}$ et s'exprime en bit/sec/Hz. La valeur D est le "débit binaire" et B est la largeur de la bande occupée par le signal modulé. Pour un signal utilisant des symboles *M-aires*, on aura :
$\eta = \dfrac{1}{TB} \log_2 M$ bits/sec/Hz.

I.3.2. Principes de modulations numériques

Le message à transmettre [115] est issu d'une source binaire. Le signal modulant, obtenu après codage, est un signal en bande de base, éventuellement complexe, qui s'écrit sous la forme :

$$c(t) = \sum_k c_k . g(t - kT) = c_k(t) = a_k(t) + jb_k(t)$$

$$avec \quad c_k = a_k + jb_k$$

I.3

La fonction $g(t)$ est une forme d'onde qui est prise en considération dans l'intervalle [0, T[.

Dans les modulations MDA, MDP et MAQ, la modulation transforme ce signal $c(t)$ en un signal modulé $m(t)$ tel que :

$$m(t) = R_e \left[\sum_k c_k(t) e^{j(\omega_0 t + \varphi_0)} \right]$$

I.4

$$où : c_k(t) = a_k(t) + jb_k(t)$$

La fréquence $f_0 = \dfrac{\omega_0}{2\pi}$ et la phase φ_0 caractérisent la sinusoïde porteuse utilisée pour la modulation.

Si les $c_k(t) = a_k(t) + jb_k(t)$ sont réels ($b_k(t) = 0$), la modulation est dite unidimensionnelle, et s'ils sont complexes la modulation est dite bidimensionnelle. Le signal modulé s'écrit aussi plus simplement :

$$m(t) = \sum_k a_k(t)\cos(\omega_0 t + \varphi_0) - \sum_k b_k(t)\sin(\omega_0 + \varphi_0) \qquad \text{I.5}$$

ou encore :

$$m(t) = a(t)\cos(\omega_0 + \varphi_0) - b(t)\sin(\omega_0 + \varphi_0) \qquad \text{I.6}$$

En posant :

$$a(t) = \sum_k a_k(t) \quad et \quad b(t) = \sum_k b_k(t) \qquad \text{I.7}$$

Le signal $a(t) = \sum_k a_k(t)$ module en amplitude la porteuse en phase $\cos(\omega_0 + \varphi_0)$ et le signal $b(t) = \sum_k b_k(t)$ module en amplitude la porteuse en quadrature $\sin(\omega_0 + \varphi_0)$.

Dans la plupart des cas les signaux élémentaires $a_k(t)$ et $b_k(t)$ sont identiques à un coefficient près et ils utilisent la même forme d'impulsion $g(t)$ appelée aussi "formant".

$$a_k(t) = a_k g(t - kT)$$
$$b_k(t) = b_k g(t - kT) \qquad \text{I.8}$$

Les deux signaux a(t) et b(t) sont aussi appelés trains modulants et s'écrivent :

$$a(t) = \sum_k a_k g(t - kT)$$
$$b(t) = \sum_k b_k g(t - kT) \qquad \text{I.9}$$

Critères de choix d'une modulation sont :

- *La constellation* qui suivant les applications mettra en évidence une faible énergie nécessaire à la transmission des symboles ou une faible probabilité d'erreur ;

- *L'occupation spectrale* du signal modulé ;

- *La simplicité de réalisation* (avec éventuellement une symétrie entre les points de la constellation).

I.3.3. Modulation par déplacement d'amplitude (MDA)

La modulation par déplacement d'amplitude (MDA) [115] sont aussi souvent appelées par leur abréviation anglaise : ASK pour "Amplitude Shift Keying".Dans ce cas, la modulation ne s'effectue que sur la porteuse en phase $cos(\omega_0 t + \varphi_0)$. Il n'y a pas de porteuse en quadrature. Cette modulation est parfois dite mono dimensionnelle. Le signal modulé s'écrit alors :

$$m(t) = \sum_k a_k g(t - kT) \cos(\omega_0 + \varphi_0) \qquad \text{I.10}$$

La forme d'onde de *g(t)* est rectangulaire, de durée *T* et d'amplitude égale à *1* si *t* appartient à l'intervalle [0, T[et égale à 0 ailleurs.

I.3.3.1. Modulation MDA par tout ou rien

Un exemple de modulation d'amplitude est la modulation (binaire) par tout ou rien [115] encore appelée par son abréviation anglaise : OOK pour "On Off Keying".Dans ce cas, un seul bit est transmis par période *T*, et par conséquent *n=1* et *M=2*. Le symbole a_k prend sa valeur dans l'alphabet (0, a_0). On observe donc sur un chronogramme des extinctions de porteuse quand $a_k = 0$.

Figure I.3. Constellation de la modulation d'amplitude pour tout ou rien (OOK)

- **Probabilité d'erreurs de la MDA**

La probabilité d'erreurs en fonction du rapport E_b/N_0 est donnée par la relation :

$$P_s(e) = \frac{M-1}{M} \, erfc\left(\sqrt{\frac{3\log_2 M}{M^2-1} \cdot \frac{E_b}{N_0}} \right) \qquad \text{I.11}$$

où : E_b représente l'énergie émise par bit ;

      N_0 représente la densité spectrale de puissance du bruit.

I.3.4. Modulation par déplacement de phase (MDP)

La modulation par déplacement de phase (MDP) [115] est aussi souvent appelées par leur abréviation anglaise : PSK pour "Phase Shift Keying".

Reprenons l'expression générale d'une modulation numérique :

$$m(t) = R_e \left[\sum_k C_k(t) e^{j(\omega_0 t + \varphi_0)} \right] \qquad \text{I.12}$$

Les signaux élémentaires $a_k(t)$ et $b_k(t)$ utilisent la même forme d'onde $g(t)$ qui est ici une impulsion rectangulaire, de durée T et d'amplitude égale à A si t appartient à l'intervalle[0, T[et égale à 0 ailleurs.

On a toujours :

$$a_k(t) = a_k g(t - kT) \qquad \text{I.13}$$

$$b_k(t) = b_k g(t - kT) \qquad \text{I.14}$$

Soit :

$$C_k(t) = (a_k + jb_k).g(t - kT) = C_k.g(t - kT) \qquad \text{I.15}$$

Dans ce cas, les symboles c_k sont répartis sur un cercle, et par conséquent :

$$C_k(t) = a_k + jb_k = e^{j\varphi_k} \qquad \text{I.16}$$

où : $$a_k = \cos(\varphi_k) \ , \ b_k = \sin(\varphi_k)$$

et $a_k(t) = \cos(\varphi_k) g(t - kT)$ et $b_k(t) = \sin(\varphi_k) g(t - kT)$

Soit, plus simplement, en ne considérant que l'intervalle de temps $[kT, (k+1)T[$:

$$m(t) = A\cos(\omega_0 t + \varphi_0)\cos(\varphi_k) - A\sin(\omega_0 t + \varphi_0)\sin(\varphi_k) \qquad \text{I.17}$$

Cette dernière expression montre que la phase de la porteuse est modulée par l'argument φ_k de chaque symbole ce qui explique le nom donné à la MDP. Ainsi, la disposition des symboles sur un cercle se traduit non seulement par enveloppe constante, mais aussi par une énergie identique mise en œuvre pour transmettre chaque symbole. La figure I.14 montre différentes constellations de *MDP* [115] pour $M= 2$, 4 et 8.

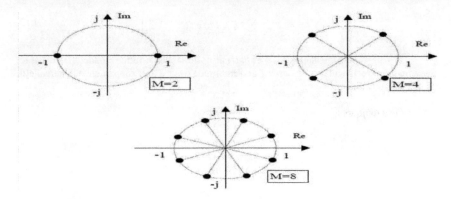

Figure I.4. Constellation des symboles en modulation de phase MDP-M

1.3.4.1. Exemple : La modulation "MDP-2"

Un exemple de modulation MDP-M [115] est la modulation MDP-2 encore appelée par son abréviation anglaise : BPSK pour "Binary Phase shift Keying".C'est une modulation binaire (un seul bit est transmis par période T) :$n=1$, $M=2$ et $\varphi_k= 0$ ou π.

Le symbole $C_k = e^{j\varphi_k}$ prend donc sa valeur dans l'alphabet $\{-1, 1\}$.Ici, la modulation ne s'effectue que sur la porteuse en phase $\cos(\omega_0 t + \varphi_0)$. C'est une modulation mono dimensionnelle. Le signal modulé s'écrit alors pour t appartenant à l'intervalle $[0, T[$:

$$m(t) = \pm A\cos(\omega_0 t + \varphi_0) \qquad\qquad I.18$$

La constellation MDP-2 est représentée dans figure 2. On remarquera que cette modulation est strictement identique à la modulation MDA-2 symétrique.

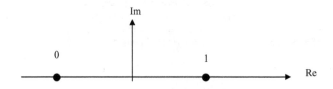

Figure I.5. Constellation de la modulation de phase MDP-2

I.3.5. Modulation d'amplitude sur deux porteuses en phase et en quadrature (MAQ)

Les modulations d'amplitude sur deux porteuses en phase et en quadrature (MAQ) [115] sont aussi appelées par leur abréviation anglaise : QAM pour "Quadrature Amplitude modulation". C'est une modulation dite bidimensionnelle. Nous avons vu que le signal modulé *m(t)* s'écrit :

$$m(t) = a(t)\cos(\omega_0 t + \varphi_0) - b(t)\sin(\omega_0 t + \varphi_0) \qquad \text{I.19}$$

et que les deux signaux a(t) et b(t) ont pour expression :

$$a(t) = \sum_k a_k g(t - kT) \quad et \quad b(t) = \sum_k b_k g(t - kT) \qquad \text{I.20}$$

Le signal modulé *m(t)* est donc la somme de deux porteuses en phase et en quadrature, modulées en amplitude par les deux signaux *a(t)* et *b(t)*.

I.3.5.1. Les constellations MAQ-M

La figure ci-dessous montre un exemple des constellations MAQ-16 et MAQ-64.

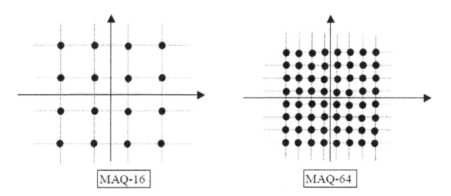

Figure I.6. Constellation MAQ-16 et MAQ-64

I.3.6. Modulation par déplacement de fréquence (MDF)

Les Modulations par Déplacement de fréquence (MDF) [115] sont aussi souvent appelées par leur abréviation anglaise : FSK pour "Frequency Shift Keying".

Soit le signal modulé *m(t)* donné comme suit :

$$m(t) = R_e[\, e^{\,j\phi(t)} e^{\,j(\omega_0 t + \varphi_0)}\,] \qquad\qquad \text{I.21}$$

Une propriété de la modulation par déplacement de fréquence est d'avoir une enveloppe complexe non linéaire $e^{j\phi(t)}$.

L'expression du signal modulé par déplacement de fréquence s'écrit aussi plus simplement, et en prenant $\varphi_0 = 0$, par :

$$m(t) = \cos(\omega_0 t + \phi(t)) = \cos(2\pi f_0 t + \phi(t)) \qquad\qquad \text{I.22}$$

C'est la dérivée de la phase $\Phi(t)$ qui est reliée de façon simple (linéaire) à la valeur des symboles, le tout constituant une relation non linéaire.

La *fréquence instantanée* $f(t)$ du signal $m(t)$ est obtenue par dérivation de la phase $2\pi f_0 t + \phi(t)$ par rapport au temps :

$$f(t) = f_0 + \frac{1}{2\pi}\frac{d\phi}{dt} \qquad\qquad \text{I.23}$$

Dans cette expression f_0 représente la *fréquence centrale* : $f_0 = \dfrac{\omega_0}{2\pi}$ et $\dfrac{1}{2\pi}\dfrac{d\phi}{dt}$ représente la *déviation de fréquence* par rapport à la fréquence f_0.

Appelons Δf la différence de la *fréquence instantanée* correspondant à l'émission de deux symboles adjacents ; Et soit a_k un symbole appartenant à l'ensemble $\{\pm 1, \pm 3,\ldots \pm(M\text{-}1)\}$.

La *déviation de fréquence* s'écrit alors, suivant la valeur à transmettre :

$$\frac{1}{2\pi}\frac{d\phi}{dt} = \frac{\Delta f}{2}\sum_k a_k g(t-kT) \quad \text{où g(t) est l'impulsion rectangulaire de durée } T, \text{ alors :}$$

$$\frac{d\phi}{dt} = \pi\Delta f \sum_k a_k g(t-kT)$$

La phase étant l'intégrale de la fréquence, on obtient après intégration de l'expression précédente et pour t appartenant à l'intervalle *[kT, (k+1)T[* :

$$\phi(t) = \pi\Delta f a_k(t-kT) + \theta_k \quad \text{où } \theta_k = \phi(kT) \text{ est une constante.}$$

Cette expression montre que la phase varie linéairement sur l'intervalle *[kT, (k+1)T[* et que cette variation est de : $\pi\Delta f . T . a_k$

En reportant l'expression de $\Phi(t)$ dans la relation $f(t) = f_0 + \dfrac{1}{2\pi}\dfrac{d\phi}{dt}$, on obtient :

La fréquence instantanée : $f(t) = f_0 + \dfrac{\Delta f}{2} a_k$

L'expression du signal modulé :

$$m(t) = \cos\left(2\pi\left(f_0 + \frac{\Delta f}{2} a_k\right)\right)$$ I.24

On peut aussi définir l'*indice de modulation* $\mu = \Delta f . T$ qui conditionne la forme de la densité spectrale du signal modulé.

CONCLUSION

Dans ce chapitre nous avons présenté et étudié en détails les éléments d'une chaine de transmission numérique, ainsi que les différents types de modulations, leurs spectres, leurs performances et leurs constellations.

Dans le chapitre suivant, nous présenterons une étude détaillée des codes correcteurs d'erreurs d'une façon générale, et en particulier les codes LDPC qui nous permettra par la suite (chapitre III) d'étudier plus précisément les codes LDPC hybrides qui font l'objet de ce mémoire de fin d'étude.

Chapitre II

Les codes correcteurs d'erreurs

II.1. Introduction

Dans ce chapitre nous introduisons et étudierons en généralité les codes correcteurs d'erreurs [7], leurs constructions, leurs algorithmes de décodage ainsi qui les aspects liés au traitement, protection des informations émises dans des environnements perturbés (par exemple, les erreurs de transmission). En effet, la qualité du service rendu en termes de communication se décline en deux mots clés : fiabilité et rapidité.

La qualité d'une transmission numérique dépend principalement de la probabilité d'occurrence d'erreur dans les symboles transmis. Cette probabilité étant fonction du rapport "signal sur bruit", une amélioration de la qualité de transmission peut être envisagée en augmentant la puissance d'émission et en diminuant le facteur de bruit du récepteur.

Malheureusement, cette solution implique des coûts énergétiques et technologiques importants, ce qui en limite sensiblement l'emploi [33]. Le contrôle des erreurs par codage est ainsi indispensable. L'utilisation de techniques de traitement numérique du signal, et notamment le codage des informations à transmettre, permettent la détection, correction ou la détection/correction d'éventuelles erreurs de transmission. Comme ces techniques permettent de contrôler les erreurs induites par le bruit du canal de transmission, elles sont nommées "codages de canal".

Parmi les principales techniques existantes, les codages en bloc et les codages convolutifs sont prédominants. Les codages en bloc sont utilisés notamment dans les réseaux Ethernet, dans les normes de transmission sans fils comme bluetooth [62], et dans les normes de transmission HDTV (High Definition TeleVision)[86] et DVB-C (Digital Video Broad casting-Cable) [87].
Le codage convolutif est très présent dans les systèmes de communication numérique sans fil.

La stratégie de base du codage consiste à ajouter une quantité contrôlée de redondance à la série d'informations à envoyer. La procédure de génération de redondance traite les informations, soit par blocs (codage en bloc) [64] ou de manière continue (codage convolutif) [67], soit comme entité indépendante ou à l'inverse en tant que structure concaténée avec un autre code, soit plus récemment sous forme d'élément constituant dans un code LDPC (Low Density Parity Check).

L'ajout de la redondance par le codeur permet au décodeur de détecter, corriger le cas échéant un nombre fini d'erreurs de transmission [64]. L'ensemble codeur/décodeur est considéré comme critique pour garantir le bon fonctionnement de la chaine de transmission. Différents codes détecteurs d'erreurs EDC (Error Detecting Codes) ou codes correcteurs d'erreurs ECC (Error Correcting Codes), ou EDC/ECC (détecteurs/correcteurs) ont été utilisés pendant des années pour accroître la fiabilité des systèmes des transmissions numériques.

II.2. Les codes en blocs

Le codage en bloc [80] consiste à fractionner la trame d'information en plusieurs blocs de taille fixe k, pour ensuite transformer chacun des messages d'entrées D_i en un mot de code C_i de taille n en appliquant une loi linéaire (voir figure II.1).

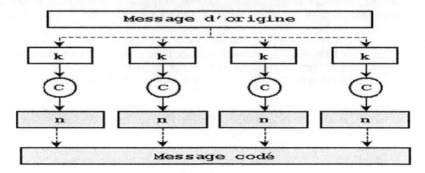

Figure II.1. Schéma d'un code en bloc

La redondance associée à chaque bloc est de taille r, où $k + r = n$. Le rendement d'un code bloc est donné par la formule suivante : $R = \dfrac{k}{n}$ où, k et n représentent respectivement les nombres de bits en entrée et en sortie du codeur. Les codes en blocs linéaires constituent un faible pourcentage de l'ensemble des codes en blocs. Cependant, il s'agit des codes en blocs les plus utilisés en pratique. Historiquement le premier code bloc est le « code de Hamming » qui a été inventé par Richard Hamming [100] en 1946, puis amélioré et généralisé par Marcel Golay [38] qui introduit à son tour les codes connus sous son nom : « codes de Golay », qui ont été utilisé par la NASA dans la sonde spatiale Voyager I.

Les codes LDPC, apparus en 1957, sont des codes à faible densité et forment une classe de codes en blocs qui se caractérisent par une matrice de contrôle creuse. Ils ont une facilité d'optimisation de la structure du code et sont référencés comme une famille de codes performants pouvant atteindre la capacité de certains canaux standards comme le canal binaire. Ils constituent une alternative intéressante aux turbo-codes également très performants sur de nombreux canaux standards.

Ils ont été étendus au cas non-binaire (code RS) par Reed et Solomon [34] en 1960. Grâce à leur nature non binaire, l'utilisation des codes RS est adéquate dans le cas de canaux où les erreurs apparaissent par paquet. Ils sont largement utilisés dans les disques compacts, les DVD, la transmission HDTV et préconisés par le standard CDPD (Cellular Digital Packet Data) ainsi que par la norme DVB-C (Digital Video Broad casting-Cable) [87].

II.2.1. Codes linéaires systématiques

Un mot de code d'un code en bloc linéaire [92] de paramètre $C(n, k)$, avec $k < n$ construit sur un corps de Galois GF (Galois Field) se compose de :

> ➤ k symboles composés de la séquence d'information à transmettre répartis dans l'ensemble du message ;

> ➤ n -k symboles calculés à partir d'une combinaison linéaire d'une partie prédéterminée des symboles d'information et eux aussi répartis dans le message. Il s'agit des symboles de parité ou de redondance.

$C(n, k)$ est un sous-espace vectoriel de dimension k de l'espace engendré par $GF(2^n)$, n correspond à la longueur du code, k à sa dimension et k/n au rendement du code. Le code est dit systématique si les k symboles représentant le message sont transmis tels quels.

Les n -k symboles restants sont alors dans ce cas les symboles de parité comme le montre la figure II.2.

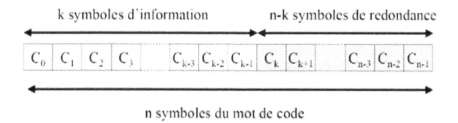

Figure II.2. Représentation d'un mot de code pour un code systématique

L'addition et la soustraction sont deux opérations identiques puisque le corps $GF(2^n)$ [69] est obtenu à partir du corps $GF(2)(= 0, 1)$. Le formalisme matriciel est utilisé pour expliciter la fonction de codage, la matrice génératrice G du code $C(n, k)$ se compose de k lignes et de n colonnes tel que :

$$C = D \cdot [G] \qquad \qquad \text{II.1}$$

où D est le message d'information de dimension k et C est le mot de code de longueur n généré. Une matrice de contrôle (ou de parité) H peut également être associée au code tel que :

$$[H] \cdot [G]^T = [G] \cdot [H]^T = [0] \qquad \qquad \text{II.2}$$

donc, pour tout mot de code de C :

$$S(C) = [C] \cdot [H]^T = D \cdot [G] \cdot [H]^T = [0] \qquad \qquad \text{II.3}$$

Cette dernière équation est importante puisqu'elle pose les bases de la détection et de la correction des erreurs de transmission. Le vecteur S(C) est appelé syndrome de C. Un syndrome nul, indique que le mot reçu est un mot de code mais il ne garantit pas qu'il s'agisse du mot de code émis. En effet, un mot de code peut se substituer à un autre en fonction du motif d'erreurs (ME). Par exemple, si R est le mot reçu, E le motif d'erreurs et C le mot de code émis, alors :

$$R = C \oplus E \quad et \quad S(R) = E \cdot [H]^T \qquad \text{II.4}$$

Le syndrome dépend donc uniquement du motif d'erreurs. Une autre caractéristique importante des codes en blocs linéaires est la distance minimale de Hamming (d_{min}) [30] qui désigne le plus petit nombre de bits différents entre deux mots de codes distincts. Ainsi un code en blocs de distance (d_{min}) est capable de détecter les motifs de (d_{min}-1) erreurs dans un bloc de dimension n et de corriger tous les motifs de t erreurs :

$$t = [(d_{min} - 1)/2] \qquad \text{II.5}$$

où *t* est appelé le pouvoir de correction du code.

II.2.2. Codes cycliques

Les codes cycliques [93] bénéficient de toutes les propriétés des codes en blocs linéaires en plus de la propriété cyclique. Pour rappel, pour tout décalage cyclique d'un mot de code, le mot généré est aussi un mot de code.

Si $C = (c_0, c_1, \ldots\ldots, c_{n-2}, c_{n-1})$ est un mot de code, alors le décalage cyclique de i produit un mot de code. Par exemple, par décalage cyclique de i, on a $(c_{n-i}, c_{n-i+1}, \ldots, c_0, \ldots\ldots, c_{n-i-1})$ qui est aussi un mot de code.

Chaque mot de code $C = (c_0, c_1, \ldots\ldots, c_{n-1})$ du code $C(n, k)$ est associé à un polynôme :

$$C(x) = c_0 + c_1 x + \ldots + c_{n-1} x^{n-1} \qquad \text{II.6}$$

Comme tous les codes, un code cyclique est défini par son polynôme générateur G(X), donnée par :

$$G(x) = g_0 + g_1 x + \ldots + g_{n-k} x^{n-k} \qquad \text{II.7}$$

Le polynôme générateur d'un code cyclique C est le mot de code de degré le plus bas, ce polynôme est unique.

Deux modes de codage existent : le codage par multiplication et l'autre par division. Pour un codage par multiplication, tout mot de code C(x) peut donc s'écrire sous la forme :

$$C(x) = d(x)g(x) \qquad \text{II.8}$$

où :

$$D(x) = d_0 + d_1 x + \ldots + d_{k-1} x^{k-1} \qquad \text{II.9}$$

est le message d'information à coder. G(x) et également un facteur de $x^n + 1$.

Le codage par division est utilisé pour le codage systématique, et consiste à coder le message D(x) à partir du polynôme générateur G(x), de la manière suivante :

> **Multiplication :** $D(x)$ par x^{n-k}

> **Division :**

$x^{n-k}D(x)$ par $G(x) : x^{n-k}D(x) = Q(x)G(x) + R(x)$

où $R(x)$ est le reste de la division.

> **Addition :** $x^{n-k}D(x)$ et $R(x) : C(x) = x^{n-k}D(x) + R(x)$

donc :

$$C(x) = x^{n-k}D(x) + \left[x^{n-k}D(x)\right] \bmod \quad G(x) \qquad \text{II.10}$$

L'équation ci-dessus donne le mot de code C(x) sous forme systématique, et les composantes de $R(x)$ sont les symboles de redondance (ou de parité).

II.2.3. Décodeur cyclique

Après la transmission, le mot de code reçu est $C'(X) = C(X) + E(X)$ où $E(X)$ désigne le nombre de bits erronés par le bruit du canal [93]. Ces erreurs de bits peuvent être détectées si la capacité de correction des erreurs du code n'est pas dépassée. Pour décoder le mot de code reçu $C'(X)$, le syndrome $S(X)$ doit être calculé comme suit :

$$S(X) = C'(X) \bmod G(X)$$
$$S(X) = [C(X) + E(X)] \bmod G(X) \qquad \text{II.11}$$
$$S(X) = E(X) \bmod G(X)$$

où : $C(X) \bmod G(X) = 0$ et $G(x) = g_0 + g_1 x + ... + g_{n-k} x^{n-k}$

En effet, ce syndrome ne dépend que de l'erreur $E(X)$. Si $S(X) = 0$, $C'(X)$ est supposé sans erreur. Si $S(X) \neq 0$, la correction de $C'(X)$ est nécessaire. L'évaluation de l'erreur où les bits erronés sont estimés à partir du syndrome calculé précédemment.

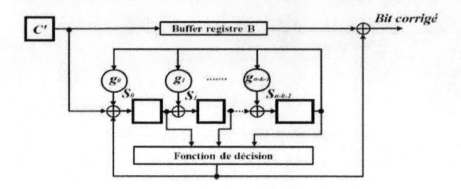

Figure II.3. Architecture série du décodeur cyclique

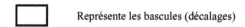   Représente les bascules (décalages)

II.2.3.1. Principe de fonctionnement du décodeur cyclique

Le principe de fonctionnement [13] du décodeur ci-dessus, est basé sur trois étapes décris ci-dessous :

> ➢ *Etape 1 :*

Le mot de code reçu C' est décalé simultanément dans le buffer du registre B et le registre de syndrome S. Après n cycles d'horloge, le registre de syndrome contient le syndrome S de C' ;

> ➢ *Etape 2 :*

Dès que le syndrome a été calculé, le mot de code reçu dans le buffer peut être corrigé. À chaque cycle d'horloge, un nouveau bit sortant bu buffer est corrigé si nécessaire. La valeur de la correction est évaluée par la valeur du syndrome. L'équation suivante décrit l'opération performante à chaque cycle d'horloge :

$$(S)_{t+1} = (S)_t \cdot T + F[(S)_t] \cdot (1,0,0)$$
$$(B)_{t+1} = (B)_t \cdot T_R$$

II.12

où : $(S_t) = (s_0, s_1, ..., s_{n-k-1})$ et (B_t) sont respectivement les contenus des registres du syndrome et le buffer à l'instant t. F étant la fonction de décision, T et TR les matrices de transition et de décalage respectivement ;

> ➢ *Etape 3 :*

L'étape précédente est répétée jusqu'à ce que le mot de code reçu C'(x) soit décodé.

II.2.4. Les codes CRC, BCH, et RS

Parmi les codes cycliques en blocs [93], on distingue les codes cycliques redondants CRC, les codes BCH, et les codes RS. Nous parlerons plus en détail pour chacun de ces codes sur leurs propriétés et de leurs implantations, en particulier, pour les architectures séries du codeur et décodeur.

- **Les codes de redondance cyclique (CRC)**

Le codes de redondance cyclique [92], sont des codes systématiques dont la procédure de codage consiste à décaler de n-k positions le bloc d'information D(x), c'est-à-dire de pré-multiplier D(x) par x^{n-k}, ensuite de calculer le reste R(x) de la division polynomiale de la séquence $x^{n-k}D(X)$ par un polynôme générateur G(x) connu de l'émetteur et du récepteur.

La matrice G correspondant au polynôme générateur G(x) peut s'écrire sous la forme :

$$G = \begin{pmatrix} g_0 & g_1 & \dots & g_{n-k} & 0 & \dots & 0 \\ 0 & g_0 & g_1 & \dots & g_{n-k} & & 0 \\ \cdot & & & & & & \\ \cdot & & & & & & \\ \cdot & & & & & & \\ 0 & 0 & g_0 & & g_1 & \dots & g_{n-k} \end{pmatrix}$$

où n-k représente la taille de la mémoire du codeur.

A partir des deux circuits diviseurs vus précédemment (figures I.8 et I.9), il est possible de réaliser un codeur cyclique systématique. Il suffit de court-circuiter l'entrée et la sortie pour générer les bits d'information (sortie systématique) et de réaliser les étapes nécessaires au bon fonctionnement du codeur. La figure II.3 donne l'exemple d'un codeur CRC de polynôme générateur :

$$G(x) = g_0 + g_1 x + \dots + g_{n-k-1} x^{n-k-1} + x^{n-k} \qquad \text{II.13}$$

où les données D(X) sont pre-multipliées par x^{n-k} (circuit avec pré-multiplication). Dans ce cas, à la fin des k cycles d'horloge, la redondance R(x) est disponible dans les registres $(r_0, r_1, \dots, r_{n-k-1})$.

Au niveau du récepteur, la séquence reçue C'(x) est divisée par G(x). Si le reste de la division R'(x) est nul, alors aucune erreur n'est détectée, dans le cas contraire la séquence reçue est erronée et une phase de correction est nécessaire.

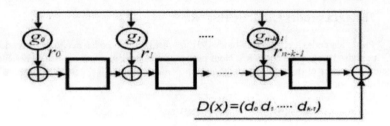

Figure II.4. Implantation série de la division du polynôme G(x)

☐   Représente les bascules (décalages)

- **Les codes BCH**

Les codes BCH sont des codes cycliques, ils portent le nom de leurs inventeurs Bose, Ray-Chaudhuri [79] et Hocquenghem [80]. Il s'agit de codes relativement performants, simples à mettre en œuvre et pour lesquels il existe un ensemble d'algorithmes de décodage algébrique de faible complexité.

L'ensemble codeur/décodeur permet de construire un code cyclique et de corriger un nombre de t erreurs dans un bloc de n symboles codés transmis. Les notions d'algèbre dans le corps de Galois nécessaires à une compréhension plus approfondie des codes BCH ne sont pas présentées dans ce mémoire de fin d'étude. Seuls les codes BCH binaires primitifs sont évoqués dans ce travail.

Leur longueur de codage n peut s'écrire :

$n = 2m - 1$ pour $n \geq 3$

Pour un code C(n, k) BCH binaire primitif de distance construite $d_{min} \geq 2t+1$, le polynôme générateur g(x) admet $2t$ racines (α, α^2, ..., α^{2t}) et s'écrit sous la forme :

$$g(x) = PPCM\{m_1(x), m_2(x), ..., m_{2t}(x)\} \qquad \text{II.14}$$

où le PPCM est le plus petit commun multiple, et $m_i(x)$ est le polynôme minimal de α^i. α est un élément primitif de $GF(2^m)$, donc tous les éléments non nuls de $GF(2^m)$ sont des puissances successives de α ($GF(2^m) = \{0, \alpha^0, \alpha^1, ..., \alpha^{2m-2}\}$), avec $\alpha^{2m-2} = \alpha^0 = 1$ et α la racine n-ième de l'unité.

Les caractéristiques d'un code BCH binaire primitif ayant un pouvoir de correction t sont donc les suivantes :

$n = 2m - 1, m \geq 3$

$n - k \leq mt$

$d_{min} \geq 2t + 1$

Afin d'obtenir des codes ayant une distance de Hamming plus importante, une méthode classique consiste à ajouter un bit de parité globale (la somme modulo 2 de tous les autres bits).

Il s'agit alors d'un code BCH étendu de paramètres (n + 1, k, d + 1 = 2t + 2) obtenu à partir d'un code BCH primitif. La distance du code étendu est augmentée de 1 et devient paire. Le bit de parité généré n'augmente pas le pouvoir de correction du code mais facilite la détection des motifs d'erreurs non corrigibles. Le rendement associé est légèrement inférieur à celui du code primitif mais le comportement à fort rapport signal à bruit est meilleur.

Les symboles de redondance permettent le décodage des messages d'information reçus du canal.

S est le vecteur associé aux composantes du syndrome $S = (s_1, s_2, ..., s_{n-k})$ et S(x)est son polynôme. Les valeurs des composantes du syndrome peuvent s'exprimer à partir des symboles du mot reçu R et du corps de Galois considéré :

$$S_i = R(\alpha^i) = \sum_{j=0}^{n-1} r_j (\alpha^i)^j \quad avec \quad 1 \leq i \leq 2t \qquad \text{II.15}$$

La fonction de décodage consiste à détecter et à corriger les erreurs en fonction du code BCH qui a été construit dans la partie émettrice.

- **Décodage des codes BCH**

Le décodage dur consiste à exploiter les données binaires issues du canal obtenues par seuillage [80]. Les algorithmes de décodage utilisent les mots reçus du canal et en particulier les symboles binaires de redondance pour estimer le mot émis. Les algorithmes utilisés varient en fonction du pouvoir de correction t du code choisi. En fait, plus le pouvoir de correction augmente plus les algorithmes de décodage correspondants sont complexes.

Un décodage ayant une complexité raisonnable est le décodage par syndrome. Il s'agit d'une version simplifiée d'un décodage optimal. En effet, l'exploitation des symboles de redondance permet de réaliser seulement 2^{n-k} comparaisons par rapport aux 2^k nécessaires classiquement.

Ce type de décodage est particulièrement intéressant pour des codes à rendement élevé. Le syndrome est constitué de n -k composantes non-nulles en présence d'erreurs. Le mot reçu s'écrit :

$$C'(x) = C(x) + E(x) \qquad \text{II.16}$$

Comme indiqué précédemment, le syndrome dépend uniquement du motif d'erreurs. C'est pourquoi, il est donc envisageable de concevoir une correspondance entre la valeur du syndrome et l'erreur estimée Ê. Le processus de décodage se fait alors en trois étapes :

1ère *étape :* Le calcul du syndrome S du mot reçu C' ;
2ème *étape :* La détermination de l'erreur estimée $\tilde{E}$;

27

3ème *étape* : Le décodage du mot C' à l'aide de l'addition $C' + \tilde{E}$.

Ce processus s'applique à des codes ayant un pouvoir de correction de $t = 1$. Pour des pouvoirs de correction supérieurs à $1 (t > 1)$, on utilise des méthodes de décodage dites algébriques. Ces algorithmes ne permettent pas de corriger plus de *t* erreurs dans un mot, il s'agit de décodage dit à distance bornée. Pour toutes ces méthodes, le processus de décodage vise à résoudre l'équation-clef donnée comme suit :

$$S(x)\sigma(x) = \omega(x) \bmod(x^{n-k}) \qquad\qquad \text{II.17}$$

où S(x) est le syndrome sous forme polynomiale, $\sigma(x)$ est le polynôme localisateur d'erreurs de degré $\geq t$ et $\omega(x)$ est le polynôme évaluateur d'erreurs. La résolution de cette équation nécessite trois étapes élémentaires :

– calcul des composantes du syndrome S ;
– calcul du polynôme localisateur d'erreurs $\sigma(x)$ et du polynôme évaluateur d'erreur $\omega(x)$;
– détermination des positions des erreurs.

La méthode directe pour déterminer le polynôme localisateur d'erreurs utilise l'algorithme de Peterson [81] et peut corriger jusqu'à trois erreurs par mot reçu avec une complexité raisonnable. Au delà (t > 3), des méthodes itératives plus complexes sont nécessaires. Elles reposent sur l'algorithme de Berlekamp [74]. Il faut y adjoindre l'algorithme de Chen [40] pour déterminer les racines (c'est à dire les positions des erreurs) et une vérification du mot de code élaboré.

Une version modifiée et plus légère de l'algorithme de Peterson [81], dite PGZ (Peterson-Gorenstein-Zierler) est destinée à des pouvoirs de correction plus faible typiquement $t = 1$ et $t = 2$. Dans le cas d'un code BCH binaire, la détermination des coefficients du polynôme évaluateur d'erreurs n'est pas nécessaire.

- **Les codes Reed-Solomon**

Les codes RS [75] sont des codes cycliques et plus précisément des codes BCH non binaires, ils portent le nom de leurs inventeurs Irving Reed et Gustave Solomon [34]. Il s'agit de codes adaptés à la correction de paquets d'erreurs. L'ensemble codeur/décodeur permet de construire un code cyclique et de corriger un nombre de t symboles q-aire erronés, fixés par l'algorithme de décodage, dans un bloc de n symboles q-aire codés transmis.

Les codes RS font partie de la famille des codes séparables à distance maximale MDS (Maximum Distance Separable). Ils sont optimaux au sens du critère de la distance minimale. On peut dire des codes parfaits, ou des codes maximisant la distance entre les mots de codes et ainsi abaissant la probabilité de confusion lors de décision lors de décodage. Ces codes sont constitués de symboles q-aires (avec $q = p^m$). Généralement des éléments binaires sont considérés, c'est à dire p = 2 et par conséquent $q = 2^m$. Chaque symbole q-aire d'un code RS est représenté par m éléments binaires. Le code est défini par son polynôme générateur g(x) dont les coefficients sont exprimés dans :

$$GF(q) = \{0,1,\alpha,\alpha^2,....,\alpha^{q-2}\}$$ II.18

Les caractéristiques d'un code Reed-Solomon ayant un pouvoir de correction de *t* symboles q-aires sont les suivantes :

$$n = q - 1, m \geq 3 \quad et \quad la \quad longueur \quad du \quad code;$$

$$k = n - 2t \quad et \quad la \quad dimension \quad du \quad code;$$

$$\delta = 2t + 1 \quad et \quad la \quad distance \quad de \quad hamming$$

Les codes RS ont une meilleure distance minimale à rendement de codage fixé par rapport à des codes BCH binaires.

La procédure d'un codage systématique s'effectue par un polynôme générateur G(x). L'équation II.19 illustre la méthode de construction du polynôme générateur d'un code Reed-Solomon. En effet, il n'y a qu'à prendre les produits des binômes pour $(x + \alpha^i)$, pour *i* allant de 1 jusqu'à 2t. On note que dans cette construction, les α_i correspondront aux racines du polynôme G(x), et les g_i sont des symboles membre de GF(2^m).

$$G(x) = (x + \alpha)(x + \alpha^2)....(x + \alpha^{2t})$$ II.19

avec α étant un élément dans GF (2^m)

- **Décodage des codes Reed-Solomon**

Comme pour le décodage des codes BCH binaires, le décodage revient à résoudre l'équation-clef. Dans ce cas [76], la résolution de cette équation nécessite quatre étapes élémentaires suivantes :

– calcul des composantes du syndrome S ;
– calcul du polynôme localisateur d'erreur δ(x) et du polynôme évaluateur d'erreur ω(x) ;
– détermination des positions des erreurs ;
– calcul des amplitudes des erreurs. La valeur de l'erreur est fournie sur *q* bits, il s'agit de la correction à apporter au symbole erroné.

Classiquement, la correction des codes RS intervient sur un ou plusieurs octets (t = 8 et GF(2^8)).Les processus de décodage utilisent les mêmes algorithmes comme celui de Berlekamp [74] pour calculer le polynôme localisateur d'erreurs et de Chen [40] pour déterminer les racines.

L'algorithme PGZ est le plus adapté pour ces faibles pouvoirs de correction (un ou deux symboles).Les symboles d'un code Reed-Solomon étant q-aires, la localisation des erreurs n'est pas suffisante comme dans le cas des codes BCH. Il est nécessaire de pouvoir estimer également leurs amplitudes afin d'effectuer les corrections associées.

Un autre algorithme similaire à celui de Berlekamp [74] est l'algorithme basé sur le principe euclidien. C'est un algorithme récursif qui permet de localiser les erreurs δ et de calculer leurs amplitudes ω.

Il est basé sur le calcul d'un PGCD (plus grand diviseur commun) entre deux polynômes $r_0(t)$ et $r_1(t)$ qui sont initialisés à x^{2t} et $S(x)$ respectivement. Une suite de divisions successives est réalisée dans le «champ de Galois» GF(q) jusqu'a ce que le degré du reste soit inferieur à t.

II.3. Les codes convolutifs

II.3.1. Introduction aux codes convolutifs

Les codes convolutifs, trouvés en 1955 par Elias [88], peuvent être considérés comme un cas particulier de codes en bloc linéaires, mais un point de vue plus large nous fera découvrir que la structure convolutive additionnelle munit le code linéaire de propriétés favorables qui facilitent à la fois son codage et améliorent ses performances.

Les codes convolutifs forment une classe extrêmement souple et efficace de codes correcteurs d'erreurs. Ce sont les codes les plus utilisés dans les systèmes de télécommunications fixes et mobiles.

Théoriquement, ils ont les mêmes caractéristiques que les codes en blocs sauf pour la valeur de leur dimension et leur longueur. Les codes convolutifs s'appliquent sur des séquences infinies de symboles d'information et génèrent des séquences infinies de symboles codés.

Dans un premier temps, nous présenterons les codes convolutifs comme un cas particulier des codes en bloc linéaires, avant d'exploiter dans un deuxième temps leur structure spécifique pour aboutir à un procédé de décodage à maximum de vraisemblance de faible complexité.

II.3.2. Principe du codage convolutif

Pour ces codes, chaque bloc de n éléments binaire en sortie du codeur dépend non seulement du bloc de k élément binaire présents à son entrée mais aussi des m bloc présent précédemment [73].

Les codes convolutifs introduisent par conséquent un effet de mémoire d'ordre m.
La quantité $(m+1)$ notée μ sera appelée la longueur de contrainte du code.
Le principe du codage convolutif est illustré par le schéma de la figure II.5.

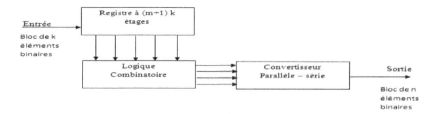

Figure II.5 : Principe d'un codeur convolutif

Un codeur convolutif binaire (*n*, *k*, *m*) est un circuit linéaire invariant dans le temps, d'ordre *m*, à *k* entrées et *n* sorties sur {0, 1}.

Ce codeur est constitué d'un registre à $(m+1)^{*}k$ étages qui mémorise les $(m+1)$ blocs de *k* éléments binaires fournis par le codeur et d'un convertisseur parallèle série.

La qualité *R*= *k/n* est appelée, comme pour les codes en blocs, *le rendement du code.*

II.3.2.1. Représentation graphique des codes convolutifs (Diagramme de Fonctionnement)

L'idée d'une représentation graphique d'un code convolutif [84] provient des caractéristiques markoviennes de la sortie du codeur. En effet, la sortie du codeur dépend de son entrée et de ses états. Les graphes équivalents à la représentation polynômiale sont souvent plus faciles à manipuler et permettent de dériver des résultats plus puissants. Tout code convolutif est représenté par trois graphes équivalents mais différents à savoir : l'arbre du code, le treillis du code et le diagramme d'états. Prenons un exemple de ces trois diagrammes en utilisant le codeur de la figure II.6 représenté ci-dessous :

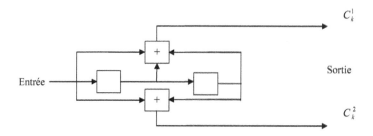

Figure II.6 : Exemple d'un codeur convolutif (R=1/2, μ=3)

Représentent les bascules (décalages)

Cette figure représente un exemple de codeur convolutif de rendement $R=1/2$ et de longueur de contrainte $(m+1)=3$. Son entrée est constituée par des blocs de k éléments binaires et sa sortie par des blocs de $n=2$ éléments binaires.

II.3.2.2. Diagramme en arbre

Le diagramme en arbre [103] présenté ci-dessous est associé au codeur convolutif de la figure ci-dessus. Sur ce diagramme, nous allons adopter les conventions suivantes : Le temps s'écoule de la gauche vers la droite. Lorsque l'élément binaire à l'entrée du codeur est égal à 0 (respectivement à 1), le couple binaire en sortie du codeur (noté entre parenthèse) est porté par une branche montante (respectivement descendante) du diagramme en arbre.

Les branches montantes (respectivement descendantes) se séparent en un point appelé nœud. Plus généralement, en considérant des blocs de k éléments binaires d'information à rentrée du codeur, chaque nœud donne naissance à 2^k branches. Pour une séquence binaire donnée à l'entrée du codeur, la séquence correspondante en sortie du codeur est représentée par un chemin dans l'arbre, constitué par une suite de branches.

Chaque bloc de $n=2$ éléments binaires en sortie du codeur, dépend du bloc de $k=1$ élément binaire présent à l'entrée mais aussi de $m=2$ blocs de k éléments binaires contenus dans sa mémoire. Les $mk=2$ éléments binaires définissent l'état du codeur. Nous noterons les quatre états possibles du codeur de la façon suivante :

a=00 ;   b=01 ;   c=10   ;   d=11

Quelque soit l'état initial du codeur, après 3 décalages à l'entrée du codeur, tous les états peuvent être atteints dans l'arbre.

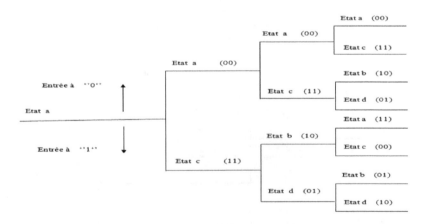

Figure II.7. Diagramme en arbre du codeur convolutif

Sur ce diagramme en arbre, on peut constater que le fonctionnement du codeur présente une périodicité et si on fait abstraction du temps, on peut représenter son fonctionnement de façon concise à partir du diagramme d'état.

II.3.2.3. Diagramme d'état

Le diagramme d'état [107] est une autre représentation du fonctionnement d'un codeur convolutif, ne faisant pas apparaitre explicitement le temps. Ce diagramme, qui peut se déduire d'un arbre, ne retient que les différents états du codeur et la façon dont ils communiquent. Sur la figure ci-dessous, nous représentons le diagramme d'état associé au codeur convolutif de la figure II.6.

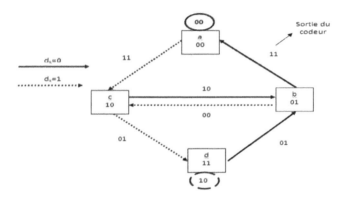

Figure II.8 : Diagramme d'état d'un codeur convolutif

II.3.2.4. Diagramme en treillis

Le diagramme en treillis [107] permet de visualiser en fonction du temps, les évolutions de l'état du codeur. Ce diagramme est l'outil graphique le plus performant pour caractériser un code et concevoir des algorithmes de décodage.

Sur la figure II.9, nous allons représenter le treillis associé au codeur convolutif de la figure II.6, en faisant l'hypothèse que l'état initial du codeur est représenté par « 00 ».

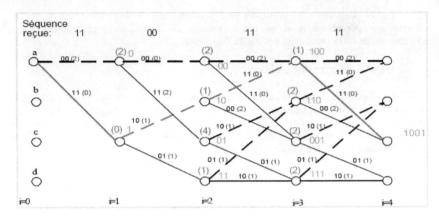

$i = 4$: choix de la séquence la plus probable

Figure II.9 : Diagramme en treillis d'un codeur convolutif

L'abscisse représente le temps discrétisé selon l'horloge du débit des symboles d'entrée dans le codeur, et l'ordonnée chacun des états. Les points discrets ainsi déterminés sont appelés nœuds et les transitions possibles entre nœuds sont représentées par des branches orientées de la gauche vers la droite [107].

Le diagramme en treillis est construit par un maillage des nœuds obtenus par l'évolution possible d'un état vers l'autre. Ainsi, à partir d'un état initial, toute introduction d'un symbole d'information d_k dans le codeur entraine le déplacement de cet état d'un nœud d'abord vers la droite, ensuite vers le bas si ce symbole vaut 1 ou vers le haut si ce symbole vaut 0.Le fonctionnement temporel du codeur se traduit donc par le tracé d'une succession d'états connectés par des branches. Cette suite connectée de branche est dite « chemin » à laquelle correspondent les suites des symboles d'information et des symboles codés.

Après ($m+1$) décalages, quelque soit l'état initial du codeur, le motif du treillis se répète. De chaque nœud partent 2^k branches (ici 2), et en chaque nœud convergent 2^k branches. Partant de l'état a : 00 à l'instant $t = 0$ par exemple, nous voyons qu'il existe quatre chemins qui permettent d'atteindre l'état a : 00 à l'instant $t = 4$.

00	00	00	00	Chemin 1
11	10	11	00	Chemin 2
11	01	01	00	Chemin 3
00	11	10	11	Chemin 4

II.3.3. Distance libre d'un codeur convolutif

Pour un code convolutif [73], les distances de Hamming entre les différents chemins de treillis jouent un rôle important sur le pouvoir de correction du code.

Pour évaluer ces distances, on considère un chemin de référence. Pour des raisons de linéarité du code, on peut choisir comme chemin de référence celui qui correspond à l'émission par le codeur d'une suite de zéros ($C_k^1 = 0, C_k^2 = 0$) pour le codeur représenté de la figure 1.3. C'est pour cette raison, qu'il est en général désigné par le nom de « chemin nul ».

Donc, la distance libre d'un code convolutif est égale à la plus petite distance Hamming qui existe entre deux chemins qui divergent puis convergent de nouveau. Les codes convolutifs étant linéaires, la distance libre est aussi égale au poids minimal des chemins qui divergent puis convergent avec le chemin de poids nul.

II.3.3.1. Calcul de la distance libre d'un codeur convolutif

A partir du diagramme d'état, il est possible de calculer la distance libre [73] d'un codeur convolutif en évaluant sa fonction de transfert. A partir de cette fonction de transfert, on va pouvoir évaluer tous les chemins qui divergent puis convergent avec le chemin « nul ».

On commence par ouvrir l'état « 0 » (état a) du diagramme d'état pour éviter de parcourir le chemin « nul » pour aller de l'état a vers l'état a. On porte ensuite sur chaque branche la variable D^i ou i est égal au poids de Hamming de la séquence en sortie du codeur associé à la branche considérée.

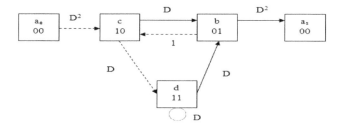

Figure II.10 : Calcul de la fonction de transfert

$$c = a_e D^2 + b \qquad b = c D + d D$$
$$d = c D + d D \qquad a_s = b D^2$$

La résolution de ce système à quatre équations, permet de déterminer la fonction de transfert du codeur :

$$T(D) = D^5 / (1-2D) \qquad\qquad II.20$$

En développent la fonction de transfert T(D) en série, on obtient :

$$T(D) = D^5 + 2 D^6 + 4^7 + \ldots\ldots + 2^k D^{k+5} + \ldots\ldots \qquad II.21$$

A partir du développement en série, on obtient les distances entre le chemin « nul » et les chemins qui divergent et convergent avec le chemin de référence. On a un chemin à la distance 5, deux chemins à la distance 6, ….2^k chemins à la distance *(k+5)*,….

Pour calculer les performances en termes de probabilité d'erreur des codes convolutifs, nous aurons besoin de connaitre le nombre de symbole d'information égal à « 1 » qu'il faut placer à l'entrée du codeur pour parcourir un chemin à une distance du chemin « nul ».

Cela peut être obtenu en ajoutant à la variable D^i une variable I^j où j, est égal au poids de Hamming [56] du message à mettre à l'entrée du codeur pour parcourir la branche considérée. Ainsi, la figure II.11 montre le calcul de la fonction de transfert généralisée.

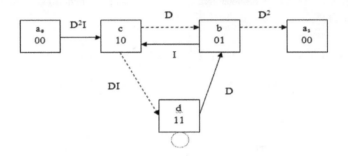

Figure II.11 : Calcul de la fonction de transfert généralisée

En utilisant le graphe de la figure II.11, on obtient la fonction de transfert T (D, I) suivante :

$$T (D, I) = D^5I + 2 D^6I^2 + \ldots\ldots + 2^I D^{I+5} + \ldots\ldots \qquad \text{II.22}$$

On a un chemin à la distance 5 du chemin nul, ce chemin correspond a la séquence 100 à l'entrée du codeur, c'est-à-dire a une séquence de poids 1. On a deux chemins à la distance 6 du chemin nul, ces chemins correspondent a des séquences d'entrée de poids 2 (1100 et 10100).

Dans cette partie de ce travail, nous avons vu en détails les principes fondamentaux d'un type de code correcteur d'erreurs, à savoir : « *les codes convolutifs* », en représentant les différents types des graphiques sous forme des diagrammes en arbre, en treillis et en état. On a mis en évidence leurs propriétés fondamentales.

En exposant les notions de base sur les codes correcteurs d'erreurs, on a beaucoup amélioré nos connaissances, en utilisant le théorème de codage. Dans la suite, nous allons étudier les codes LDPC qui font l'objet d'une partie du sujet de notre mémoire.

II.4. Les codes LDPC

II.4.1. Introduction aux codes LDPC

Les codes LDPC (*Low Density Parity Check* codes à faible densité) ont été découverts par Gallager [6] dans les années 60, mais il a seulement proposé une méthode générale pour construire des codes LDPC pseudo-aléatoires ; les bons codes LDPC sont générés par ordinateur et leur décodage est très complexe dû au manque de structure.

Ces codes ont été ignorés jusqu'à 1981 quand Tanner [36] leur a donné une nouvelle interprétation d'un point de vue graphique. Après l'invention des turbo-codes, les codes *LDPC* furent redécouverts au milieu des années 90 par MacKay [37], Wilberg [81] et Sipser [61].

La première construction algébrique et systématique de codes LDPC basée sur les géométries finies a été proposée par Kou [8] dans les années 2000. La classe de codes LDPC à géométrie finie possèdent une bonne distance minimale et les graphes de Tanner [36] n'ont pas de cycles courts.

Leur structure est cyclique ou quasi-cyclique, ce qui fait que leur codage est simple et peut être réalisé avec des registres à décalage linéaire. Avec ce type de codes de grande longueur, on obtient de très bonnes performances.

La construction et le décodage des codes LDPC peuvent être faits de plusieurs manières. Un code LDPC est caractérisé par sa matrice de parité.

Depuis, des progrès considérables sur les règles de construction de bons codes *LDPC*, sur les techniques d'encodage et de décodage, ont permis aux codes *LDPC* d'être utilisés, tout comme les turbo-codes, dans des applications pratiques.

Il existe de nombreux codes correcteurs d'erreurs. Dans ce travail on va plutôt s'intéresser aux codes correcteurs d'erreurs LDPC, qui font l'objet de notre mémoire, en particulier les codes LDPC hybrides que nous étudierons dans le chapitre suivant.

II.4.2. Définition d'un code LDPC

Un code LPDC est un code dont la matrice de contrôle de parité H de taille M x N est de faible densité [8]. Ainsi le nombre de 1 dans la matrice est faible devant le nombre de 0. Cette matrice de contrôle de parité H définit donc un code en bloc où le nombre de bits d'information est $K = N - M$.

Exemple: On considère la matrice de contrôle de parité suivante d'un code de rendement R = 1/2 et produisant 4 bits de redondance :

$$
H = \begin{bmatrix}
1 & 0 & 0 & 0 & 1 & 0 & 0 & 0 \\
0 & 1 & 0 & 0 & 1 & 1 & 0 & 0 \\
0 & 0 & 1 & 0 & 0 & 1 & 1 & 0 \\
0 & 0 & 0 & 1 & 0 & 0 & 1 & 1
\end{bmatrix}
$$

Les équations de parité associées à cette matrice et à un mot de code $x = [x_0 \ldots \ldots x_7]$ sont:

$$x_0 + x_4 = 0$$
$$x_1 + x_4 + x_5 = 0$$
$$x_2 + x_5 + x_6 = 0 \qquad \text{II.23}$$
$$x_3 + x_6 + x_7 = 0$$

II.4.3. Construction des codes LDPC

II.4.3.1. Méthode de Gallager pour la construction des codes LDPC

Pour construire la matrice de parité H d'un code LDPC de Gallager [47], il faut d'abord construire une sous-matrice H_j ayant un poids des colonnes égal à 1 et un poids de lignes p.

Ensuite on doit trouver de permutations des colonnes de cette sous-matrice pour former les autres sous-matrices avec lesquelles on forme la matrice de Gallager [6] de manière suivante :

$$H = \begin{bmatrix} H_1 \\ H_2 \\ \cdot \\ \cdot \\ \cdot \\ H_\delta \end{bmatrix}$$

Lorsqu'on choisit les permutations des colonnes des sous-matrices, on doit garder une bonne distance minimale de la matrice de parité H et il faut éviter les cycles courts dans son graphe de Tanner [36].

Gallager [6] ne donne aucune méthode de construction pour ces types de codes qu'on retrouve une telle méthode de construction basée sur la structure parallèle des lignes dans la géométrie Euclidienne sur le corps de Galois.

Il existe différentes manières possibles pour choisir les paquets des lignes parallèles et selon ce choix, on obtient des codes LDPC EG-Gallager de dimensions différentes.

Si on compare les performances d'un tel code LDPC avec d'autres codes LDPC obtenus par ordinateur, qui a le même rendement et presque la même longueur, on peut observer que le code EG-LDPC est meilleur.

On ne peut pas construire de codes LDPC dans la forme de Gallager [6] basés sur la géométrie projective, parce que les lignes dans une géométrie projective n'ont pas la même structure parallèle simple que les lignes de la géométrie Euclidienne.

II.4.3.2. Méthode géométrique pour la construction des codes LDPC

La construction d'un code *LDPC* (ou d'une famille de code *LDPC*) [25], doit naturellement être effectuée de façon à optimiser les performances du code tout en minimisant la complexité matérielle du décodeur associé.

L'optimisation d'un code *LDPC* s'effectue en trois étapes :

– Optimisation *à priori* des profils d'irrégularité des nœuds de parité et de variable ;

– Construction de la matrice *H* de taille adéquate respectant les profils d'irrégularité et maximisant la longueur des cycles ;

– Éventuellement, choix ou rejet des codes sur le critère de la distance minimale ou sur les performances calculées par simulation.

a) Optimisation des profils d'irrégularités

On fait l'hypothèse de codes de taille infinie et d'un nombre infini d'itérations. Cela permet en effet l'optimisation de leurs caractéristiques asymptotiques (profil d'irrégularité, rendement) en fonction du canal visé. Deux techniques existent : l'algorithme d'évolution de densité et son approximation gaussienne, et les diagrammes de transfert d'information extrinsèque [77].

L'algorithme d'évolution de densité (*density evolution*) a été proposé par Richardson [9]. Cet algorithme calcule la densité de probabilité des messages $L_{j,p}$ et $Z_{j,p}$ après chaque nouvelle itération. L'algorithme est initialisé avec la densité de probabilité des échantillons entrants, qui dépend du niveau de bruit σ^2 du canal.

L'utilisation de cet algorithme permet de connaître la valeur maximale de σ^2 en dessous de laquelle l'algorithme converge, c'est-à-dire telle que la probabilité d'erreurs est plus faible qu'un seuil fixé au départ. Il est aussi possible de déterminer par programmation linéaire un profil d'irrégularité qui permet d'avoir le seuil le plus faible possible.

Une simplification de l'algorithme d'évolution de densité proposée par Chung [14], est obtenue en remplaçant les densités de probabilité réelles par des densités gaussiennes voisines.

L'intérêt de l'approximation par des densités gaussiennes est qu'il suffit de calculer l'évolution d'un seul paramètre en faisant l'hypothèse que ces densités gaussiennes sont consistantes, c'est-à-dire que la variance est égale à deux fois la moyenne. En effet, en supposant que le mot « tout 0 » a été envoyé, on a à l'initialisation ($n_{if} = 0$). Les calculs d'optimisation des profils d'irrégularités sont donnés dans l'annexe 1.

Ainsi pour un code *LDPC* régulier (d_v, d_c) et pour un bruit donné de variance σ^2, les équations ci-dessus permettent, par un calcul itératif, de savoir si la moyenne des messages tend vers l'infini ou pas. Si tel est le cas, un décodage sans erreur avec un mot de code de taille infinie et un nombre infini d'itération est possible. Dans le cas d'un code irrégulier, il suffit de faire la moyenne pondérée sur les différents degrés de ces équations.

La valeur maximale de σ pour laquelle la moyenne tend vers l'infini, et donc pour laquelle la probabilité d'erreur tend vers 0, est le seuil du code (*threshold* en anglais). Par exemple, le seuil d'un code régulier (3,6), obtenu avec l'algorithme d'évolution de densité, est $\sigma_{max} = 0.8809$, ce qui correspond à un rapport signal sur bruit minimum de :

$$\left(\frac{E_b}{N_0} \right)_{min} = 1.1 dB$$

Une autre technique dérivée des diagrammes de transfert d'information extrinsèque (*EXIT charts*2) proposés par Ten Brink [13] permet d'effectuer une optimisation des profils d'irrégularité. Si l'algorithme d'évolution de densité s'intéresse à l'évolution au cours des itérations des densités de probabilité des messages, ces diagrammes s'intéressent quant à eux au transfert d'information mutuelle entre l'entrée et la sortie des décodeurs des codes constituants.

Le principe de ces diagrammes a été aussi utilisé avec d'autres paramètres que l'information mutuelle, comme le rapport signal sur bruit ou la probabilité d'erreur. Il a aussi été appliqué à d'autres types de canaux.

b) Optimisation de la taille des cycles

L'optimisation des profils d'irrégularité étant asymptotique, il s'agit maintenant de construire une matrice de contrôle de taille finie [77].Cette phase peut être réalisée de façon aléatoire : on tire au hasard les entrées non nulles de la matrice de contrôle en respectant au mieux le profil d'irrégularité des nœuds. Il est aussi possible de construire des codes en tirant au hasard des permutations d'une matrice élémentaire qui sont ensuite concaténé. Une autre façon de construire des codes *LDPC* est la construction déterministe de matrice (géométrie finie et projective).

Dans tous les cas, il faut prendre garde aux cycles présents dans le graphe du code, et cela d'autant plus qu'ils sont petits. L'algorithme de décodage par propagation de croyance suppose en effet que les cycles qui détérioreraient l'indépendance des messages entrant dans un nœud n'existent pas. La construction de bons codes *LDPC* doit donc s'assurer de l'absence des plus petits cycles, ceux de taille 4. De très nombreuses solutions sont proposées dans la littérature pour construire des codes *LDPC*.

Hu [29] suggère de construire le graphe, branche par branche afin d'éviter au maximum les tailles de cycles les plus faibles (*Progressive Edge Geometry* ou *PEG*). Zhang [45] construis des codes *LDPC* dont les cycles les plus petits sont de tailles 12, 16 ou 20, mais les variables ne sont que de degré 2. Tian [96] se base sur le fait que tous les cycles de petites tailles n'ont pas la même influence et supprimnt uniquement les plus pénalisants.

c) Sélection du code par la méthode impulsionnelle

Si les performances de décodage par l'algorithme de propagation de croyance sont améliorées par la suppression des cycles de petites tailles, il est également important aussi d'avoir de « bons » codes correcteurs d'erreurs, c'est-à-dire qui possèdent une distance minimale importante. La méthode impulsionnelle a d'abord été proposée par Berrou [11] pour évaluer la distance minimale de Hamming d'un turbo-code. Elle a ensuite été adaptée au cas des codes LDPC par Hu [29].

Elle permet ainsi de vérifier simplement que la distance minimale du code conçu soit suffisante pour atteindre le taux d'erreur cible pour l'application visée.

d) Sélection du code par simulation

Enfin, le choix final du code est obtenu par la simulation. En effet, deux codes de même taille et de même rendement, construits avec les mêmes profils d'irrégularités, n'ayant pas de cycle court et ayant la même distance minimale peuvent néanmoins avoir des performances sensiblement différentes.

Ces différences peuvent s'expliquer par l'existence de points fixes « parasites » introduits par la sous-optimalité de l'algorithme de décodage itératif qui remonte le taux d'erreur binaire par rapport à sa valeur théorique.

Les codes *LDPC* ont donc des performances théoriques excellentes. Ceci doit toutefois se traduire par une simplicité de mise en œuvre matérielle pour que ces codes puissent être utilisés en pratique.

C'est pourquoi une attention particulière doit être portée aux architectures et aux implémentations des décodeurs *LDPC*.

II.4.4. Code LDPC aléatoire

On peut construire de codes LDPC pseudo-aléatoires à l'aide de l'ordinateur d'une manière basée sur un ensemble de conditions données par la définition des codes LDPC donnée auparavant.

Ces codes fournissent de bonnes performances. La construction de la matrice de parité H est faite en plusieurs étapes. On choisit la première colonne de la matrice de manière aléatoire, ayant un certain poids. À chaque étape, une nouvelle colonne de même poids est ajoutée à une matrice formée partiellement. La colonne ajoutée est choisie entre plusieurs colonnes selon les conditions à respecter par la matrice de parité d'un code LDPC [46].

En raison des conditions imposées pendant la construction du code, son graphe de Tanner ne contient pas de cycles d'ordre 4 et alors son périmètre est égal à au moins 6. Cette construction n'est efficace que pour des petites valeurs de poids des colonnes (3 ou 4). Pour des valeurs de poids plus grandes, les ordinateurs n'arrivent pas à effectuer efficacement les calculs (en un temps raisonnable).

Le code construit par cette méthode n'est pas unique parce que les colonnes sont choisies aléatoirement et il y a une multitude de choix possibles. Ainsi, ce type de construction génère un ensemble de codes LDPC aléatoires.

Il est très difficile de déterminer la distance minimale du code, et pour de petites valeurs des poids, la limite inférieure pour la distance minimale peut être très petite. Ces codes n'ont pas les mêmes propriétés structurales que les codes de géométrie finie (pas de structure cyclique ou quasi-cyclique). En conséquence, l'implémentation matérielle de ces codes est beaucoup plus complexe et ne peut pas être réalisée avec des registres à décalage linéaires.

Ces codes ne peuvent pas être décodés par le décodage logique majoritaire ou par le décodage avec basculement de bit (BF). Avec le décodage SPA, la solution ne converge pas aussi vite que dans le cas des codes LDPC de géométrie finie. En termes de performance d'erreur, ces codes s'approchent beaucoup de la limite de Shannon [5].

II.4.5. Code LDPC irrégulier

Un code irrégulier [20], a une matrice de parité H avec différents poids de colonnes et de rangées. Ceci signifie que dans son graphe de Tanner, les nœuds de bits codés ont des degrés multiples, ainsi que les nœuds de parité.

Les codes LDPC irréguliers sont construits le plus généralement sur la base de leurs graphes de Tanner selon la distribution *y(X) des degrés des nœuds variables et la distribution p(X) des nœuds de contrôle (leur performance d'erreur est fortement liée aux valeurs de ces deux paramètres).

Il y a des algorithmes d'optimisation des deux degrés (des rangées et des colonnes) pour un rendement de code fixé, et ceci seulement quand la longueur du code s'approche à l'infini et le graphe du code n'a pas de cycles et avec un nombre infini d'itérations.

Ces algorithmes sont centrés sur l'évolution des densités de probabilités des messages passés entre les nœuds dans un décodeur basé sur la propagation de croyance (BP). Mais les graphes de Tanner pour les codes de longueur finie ne peuvent pas être faits sans cycle. Donc, les distributions optimales des degrés conçus pour les codes de longueur infinie ne sont pas optimales pour les codes de longueur finie.

Si on construit un code LDPC irrégulier de longueur finie, sur la base des distributions asymptotiques optimales de degrés, on peut obtenir un plancher d'erreur élevé et le code pourrait avoir une faible performance d'erreur par bit à cause du grand nombre de nœuds de variables de degré 2 dans le graphe de Tanner. Un grand nombre de nœuds variables de degré 2 donnent une faible distance minimale. Pour résoudre ces problèmes, les conditions suivantes sont proposées par R. G. Gallager [6] en 1963 :

1. Les nœuds de degré 2 sont construits de sorte qu'ils ne possèdent pas de cycles ;
2. Les nœuds variables de degré 2 doivent correspondre aux bits de parité du mot codé ;
3. Le graphe de Tanner ne possède pas de cycles de longueur 4 ;
4. Pour améliorer le plancher d'erreur du code, le nombre de nœuds variables de degré 2 doit être plus petit que le nombre de bits de parité du code (ou le nombre de colonnes de poids 2 de la matrice de parité H doit être plus petit que le nombre de lignes de la matrice H).

Respectant les conditions mentionnées auparavant, on construit le graphe de Tanner en connectant les nœuds variables avec les nœuds de contrôle par des lignes. Le choix des lignes de connexion n'est pas unique et on utilise l'ordinateur pour le faire. Ensuite, on construit la matrice de parité H selon le graphe de Tanner. On obtient un code irrégulier aléatoire de longueur et de rendements désirés.

II.4.6. Décodage des codes *LDPC*

Le décodage d'un code *LDPC* [48] s'effectue selon le même principe que le décodage d'un turbo-code par un algorithme itératif dit algorithme à propagation de croyance. Chaque nœud de variable envoie aux nœuds de parité auxquels il est associé un message sur la valeur estimée de la variable (information *à priori*).

L'ensemble du message *a priori* reçu permet à la contrainte de parité de calculer, puis de retourner les informations extrinsèques. Le traitement successif des nœuds de variable puis de parité constitue une itération. À chaque itération, il y a donc un échange bilatéral de messages entre les nœuds de parité et les nœuds de variable, sur les arcs du graphe bipartite représentant le code *LDPC*. Au niveau du récepteur, la méthode de quantification de la séquence reçue X, détermine le choix de l'algorithme de décodage.

II.4.6.1. Algorithme à entrée ferme

Une quantification sur un bit consiste à traiter seulement le signe des échantillons reçus. Les algorithmes de décodage à entrée ferme sont basés sur celui proposé par Gallager [6] sous le nom d'algorithme A. Ces décodeurs offrent bien sûr des performances moindres que celles des décodeurs à entrée souple. Ils ne sont mis en œuvre que pour des applications très particulières comme les communications par fibre optique. Ces algorithmes ne seront pas considérés dans la suite de ce chapitre.

II.4.6.2. Algorithme à propagation de croyance

Lorsque la quantification est faite sur plus d'un bit, le décodage est à entrée souple et utilise la probabilité *à priori* des symboles reçue [48].

Dans le cas des codes binaires et en se plaçant dans le domaine logarithmique, on utilise l'algorithme du rapport de vraisemblance (LRV) *à priori* des échantillons X_j :

$$L(X_j|c_j) = \ln\left(\frac{p(X_j|c_j = 0)}{p(X_j|c_j = 1)}\right) \qquad \text{II.24}$$

où c_j est le j-ième bit du mot de code et $X_j = c_j + b_j$.

Dans le cas du canal à bruit blanc additif gaussien, les échantillons de bruit b_j suivent une loi gaussienne centrée de variance σ^2, soit :

$$p(X_j|c_j) = \frac{1}{\sqrt{2\pi\sigma^2}}\exp\left[\frac{(X_j - (2c_j - 1))^2}{2\sigma^2}\right] \qquad \text{II.25}$$

En combinant les équations II.4 et II.5, l'information intrinsèque I_j peut être définie comme suit :

$$I_j = L(X_j|c_j) = \frac{2X_j}{\sigma^2} \qquad \text{II.26}$$

Chaque itération de l'algorithme BP est décomposée en deux étapes :

1. Le traitement des parités

$$L_{j,p} = 2 \tanh^{-1} \left[\prod_{p' \in P(p)/p} \tanh \frac{Z_{j,p'}}{2} \right] \frac{2}{\sigma^2} \qquad \text{II.27}$$

2. Le traitement des variables

$$L_{j,p} = I_j + \sum_{j' \in J(p)/p} Z_{j',p} \qquad \text{II.28}$$

Les itérations sont répétées jusqu'à ce que le nombre d'itérations maximum N_{it} soit atteint. Il est possible d'arrêter les itérations avant N_{it} lorsque toutes les équations de parités sont satisfaites. Cela permet soit de gagner en débit moyen, soit de limiter la consommation.

On appelle L_j l'information totale ou le LRV du bit j. C'est la somme de l'information intrinsèque I_i et de l'information extrinsèque totale Z_j qui est par définition la somme des informations extrinsèques de branches $Z_{j,p}$:

$$Z_j = \sum_{p \in P(j)} Z_{j,p} \qquad \text{II.29}$$

On a donc $L_j = I_j + Z_j$ et l'équation II.8 devient :

$$L_{j,p} = L_j - Z_{j,p} = I_j + Z_j - Z_{j,p} \qquad \text{II.30}$$

L'algorithme *BP* est optimal dans le cas où le graphe du code ne contient aucun cycle : tous les séquencements donnent le même résultat.

Les codes *LDPC* comportant des cycles, leur décodage par l'algorithme *BP* peut entraîner des phénomènes d'auto-confirmation des messages qui dégradent la convergence et rendent l'algorithme *BP* nettement sous-optimal. Toutefois, ces phénomènes peuvent être limités si les cycles sont suffisamment grands.

Le premier séquencement qui fut proposé est appelé « séquencement par inondation » (en anglais *flooding schedule*). Il consiste à traiter successivement toutes les parités puis toutes les variables.

II.4.6.3. Algorithme de séquencement par inondation

Initialisation :

a) $n_{it}\,0$, $Z_{j,p}^0 = 0$ $\forall p$ $\forall j \in J(p)$, $I_j = 2y_j / \sigma 2$ $\forall j \frac{2}{\sigma^2}$

Répéter jusqu'à ce que $n_{it} = N_{it}$ ou que le système ait convergé vers un mot de code.

b) $n_{it} = n_{it} + 1$

c) $\forall j \in \{1,\ldots\ldots\ldots n\}$ *faire* : $\left\{ \textit{calcul des messages variable vers parité} \right\}$

d) $Z_j^{(n_{it})} = \sum\limits_{p \in P(j)} Z_{j,p}^{(n_{it})}$ *et* $L_j^{(n_{it})} = I_j + Z_j^{(n_{it})}$

$\forall p \in P(j)$

e) $L_{j,p}^{(n_{it})} = I_j + \sum\limits_{p' \in P(j)/p} Z_{j,p}^{(n_{it}-1)} = I_j + Z_j^{(n_{it})} - Z_{j,p}^{(n_{it}-1)}$

f) $\forall p \in \{1,\ldots\ldots\ldots m\}$ *faire* : $\left\{ \textit{calcul du message parité vers variable} \right\}$

g) $\forall j \in J(p) : Z_{j,p}^{(n_{it})} = \bigoplus\limits_{p' \in P(j)/p} L_{j,p}^{(n_{it})}$

Les bits décodés sont alors estimés par $\mathrm{sgn}(L_j^{(n_{it})})$.

Il est intéressant de noter qu'il est possible de modifier l'algorithme en « ordonnant » le séquencement par inondation, suivant les nœuds de parité [55]. Ceux-ci sont alors traités en série et l'algorithme devient :

$$\forall j \in \{1,\ldots\ldots\ ..n\} : Z_j^{(n_{it}+1)} = 0$$
$$\forall p \in \{1,\ldots\ldots\ ..m\}$$

donc, il faut faire :

Calcul des messages d'entrés

$$\forall j \in J(p) \quad L_j^{(n_{it})} = I_j + Z_j^{(n_{it})} - Z_{j,p}^{(n_{it}-1)} \qquad \text{II.31}$$

Remarque : On comprend par séquencement l'ordre dans lequel est effectué le traitement de chaque parité et de chaque variable.

Calcul des informations extrinsèques

$$\forall j \in J(p) \quad Z_{j,p}^{(n_{it})} = \bigoplus\limits_{p' \in P(j)/p} L_{j,p'}^{(n_{it})} \qquad \text{II.32}$$

Mise à jour pour l'itération suivant

$$\forall j \in J(p) \quad Z_{j,p}^{(n_{it}+1)} = Z_{j,p}^{(n_{it}+1)} + Z_{j,p}^{(n_{it})} \qquad \text{II.33}$$

Une organisation similaire des calculs pour les nœuds de variable sera appelée « calcul distribué » car les calculs liés à un nœud de variable seront distribués pendant une itération. Il faut aussi noter que la notion d'itération (le calcul de tous les messages du graphe en une et une seule fois) n'est pas stricte. Ainsi, Mao [18] a proposé une variante du séquencement par inondation afin de limiter l'impact de l'effet des cycles sur la convergence.

Cette variante appelée « séquencement probabiliste » (*probabilistic scheduling*) consiste à omettre de traiter certaines variables à chaque itération. Le choix de ces variables est aléatoire et dépend de la taille du cycle le plus petit associé à cette variable : plus celui-ci est petit, plus la probabilité de traiter la variable est faible.

Cette méthode limite ainsi les phénomènes d'auto-confirmation introduits par les cycles courts. Elle permet d'obtenir une convergence plus rapide que celle du séquencement par inondation. Les architectures liées à ce séquencement ne seront pas abordées.

CONCLUSION

Dans ce chapitre, nous avons présenté les différents codes correcteurs d'erreurs, à savoir, les codes en blocs, les codes convolutifs et les codes LDPC. Les principes de fonctionnement de ces codes ainsi que leurs principes de décodage ont aussi été étudiés en détails.

Dans le chapitre suivant, nous étudierons les codes LDPC Hybrides qui est le thème même de ce mémoire.

Chapitre III

Les codes LDPC hybrides

III.1. Introduction aux codes LDPC Hybrides

Dans ce chapitre, nous introduisons et étudions une nouvelle classe de codes LDPC, nommée codes LDPC hybrides [67]. Les codes LDPC hybrides sont une classe très générale de codes LDPC, généralisant les familles existantes de codes LDPC, réguliers ou irréguliers, binaires ou non-binaires. Dans ce mémoire de fin d'étude, nous nous intéressons à l'étude détaillée des codes LDPC binaires qu'aux codes LDPC non-binaires.

III.2. Codes LDPC hybrides binaires

Les codes LDPC binaires [67] sont décrits grâce à l'équation de vérification de parité, impliquant quelques symboles de mot du code. Un code LDPC binaire est une application linéaire sur un champ $GF(2)^k$ vers $GF(2)^N$ [70].

III.2.1. Représentation graphique des codes LDPC hybrides binaires

La multiplication des éléments dans l'ensemble $GF(2)^k$ peut être représentée sous la matrice génératrice suivante [70]:

$$H = \begin{bmatrix} 1 & 0 & 1 & 1 & 0 & 0 & 0 & 1 \\ 1 & 1 & 0 & 1 & 0 & 0 & 1 & 0 \\ 0 & 0 & 1 & 0 & 1 & 1 & 0 & 1 \\ 0 & 1 & 0 & 0 & 1 & 1 & 1 & 0 \end{bmatrix}$$

Les équations associeés à cette matrice génératrice s'écrit :

$$x_0 + x_2 + x_3 + x_7 = 0$$
$$x_0 + x_1 + x_3 + x_6 = 0$$
$$x_2 + x_5 + x_6 + x_7 = 0 \qquad \text{III.1}$$
$$x_1 + x_4 + x_5 + x_6 = 0$$

A partir de cette matrice (matrice H), Tanner [36] est arrivé à rédiger le graphe suivant :

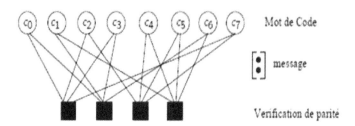

Figure III.1. Graphe de Tanner d'un code LDPC hybride binaire

Exemple : Nous représentons le graphe de Tanner [36] d'une famille des codes LDPC hybrides de paramètres $d_v = 2$, $d_c = 4$.

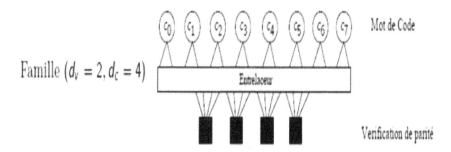

Figure III.2. Graphe de Tanner d'un code LDPC hybride binaire (famille $d_v = 2$, $d_c = 4$)

III.2.2. Équation générale de vérification de parité

Soient les codes LDPC hybrides binaires et non-binaires, sont décrits grâce à l'équation de vérification de parité qui correspond à la i-ème ligne de la matrice H, est donnée comme suit [9] :

$$\sum_j h_{ij} c_j = 0 \ \text{ sur } \ GF(q) \qquad \text{III.2}$$

Les graphes de Tanner [36] correspondants aux codes LDPC hybrides binaires ou non-binaires, liés à l'équation III.2 sont représentés dans la figure ci-dessous :

49

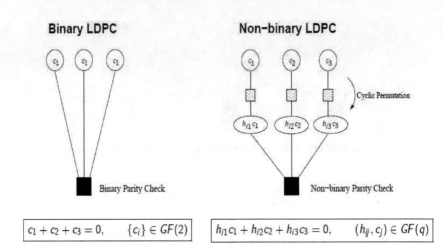

Figure III.3. Graphe de Tanner d'un code LDPC hybride, cas binaire et non-binaire

III.3. Décodage de codes LDPC hybrides

La diversité des séquencements possibles pour le décodage [70] de ces codes font de cette famille un très bon cas d'étude.

Le principe de décodage de ces codes est basé sur l'itération de décodage dans le domaine de probabilité selon les étapes suivantes :

a) Mise à jour des nœuds de variable dans $G(q_k)$: produit des messages entrants ;

b) Extension des messages par application : $G(q_k) \rightarrow G(q_l)$ du message entrant ;

c) Mise à jour des nœuds de parité dans $G(q_l)$ dans le domaine de Fourier ;

      * FFT de taille q_l ;

      * Produit des vecteurs FFT terme-à-terme ;

      * IFFT de taille q_l.

d) Troncation des messages de $G(q_l) \rightarrow G(q_k)$: les q_k éléments sont remplies avec les composantes de la partie imaginaire de l'application du message entrant.

III.4. La condition de stabilité des codes LDPC hybrides

Pour que les codes LDPC hybrides soient stables, ils doivent satisfaire les deux conditions suivantes [41]:

$$\Omega = \sum_{j,k,l} \pi(i = 2, k, j, l) \frac{q_k - 1}{q_l - 1}(j - 1) \qquad \text{III.3}$$

$$\Delta = \sum_{k,l} \pi(k, l) \frac{1}{q_l - 1} \sum_{i=1}^{q_k-1} \int \sqrt{p(y|i)p(y|0)} dy \qquad \text{III.4}$$

Théorème

Si $\Omega, \Delta \geq 1$, la probabilité d'erreur sera bornée au-dessus de zéro.

Si $\Omega, \Delta < 1$, la probabilité d'erreur converge vers zéro.

Exemple : La figure ci-dessous, montre l'évaluation de la condition de stabilité des codes LDPC hybrides binaires et celle des codes LDPC hybrides non-binaires, sur un canal BI-AWGN [41].

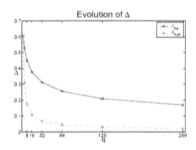 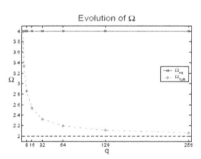

Figure III.4. Condition de stabilité des codes LDPC hybrides binaires et non-binaires.

Ces graphes montrent que les codes LDPC hybrides binaires sont plus stables à un rapport signal sur bruit bas par rapport aux codes LDPC hybrides non-binaires, d'où :

$$\Omega_{hyb} \leq \Omega_{nb} \qquad \text{III.5}$$

$$\Delta_{hyb} \leq \Delta_{nb} \qquad \text{III.6}$$

III.5. Avantages des codes LDPC hybrides

Les codes LDPC hybrides ont plusieurs avantages par rapport aux autres codes, que nous décrivons comme suit [9] :

- Codage simple ;

- Décodage peu complexe ;

- Caractérisation asymptotique de la classe hybride ;

- Prédiction des performances de décodage asymptotiques.

III.6. Résultats de simulation et interprétation des résultats

Dans cette partie du mémoire de fin d'étude, nous allons utiliser le logiciel MATLAB pour présenter les résultats par simulations des codes LDPC hybrides et les comparer aux turbo-codes.

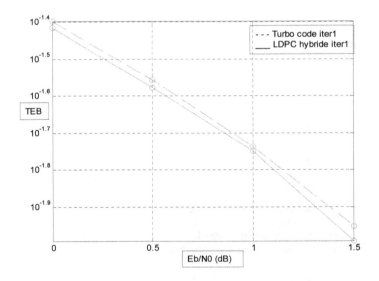

Figure III.5. Evaluation du TEB d'un code LDPC hybride de rendement R = 1/2 sur canal gaussien et de paramètres M=1000, N=2000 à la 1ère itération.

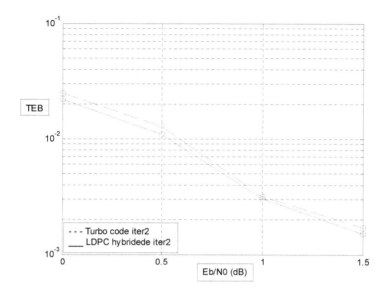

Figure III.6. Evaluation du TEB d'un code LDPC hybride de rendement R = 1/2 sur canal gaussien et de paramètres M=1000, N=2000 à la 2ème itération.

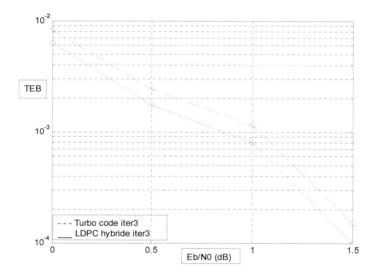

Figure III.7. Evaluation du TEB d'un code LDPC hybride de rendement R = 1/2 sur canal gaussien et de paramètres M=1000, N=2000 à la 3ème itération.

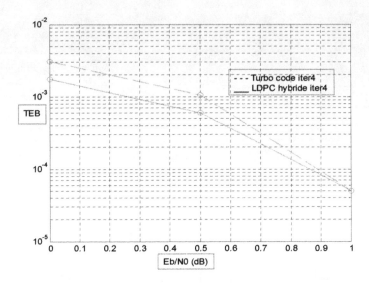

Figure III.8. Evaluation du TEB d'un code LDPC hybride de rendement R = 1/2 sur canal gaussien et de paramètres M=1000, N=2000 à la 4ème itération.

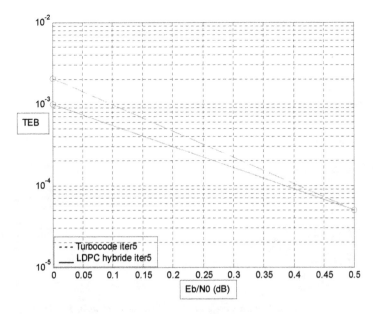

Figure III.9. Evaluation du TEB d'un code LDPC hybride de rendement R = 1/2 sur canal gaussien et de paramètres M=1000, N=2000 à la 5ème itération.

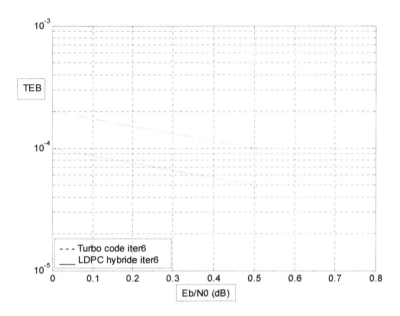

Figure III.10. Evaluation du TEB d'un code LDPC hybride de rendement R = 1/2 sur canal gaussien et de paramètres M=1000, N=2000 à la 6ème itération.

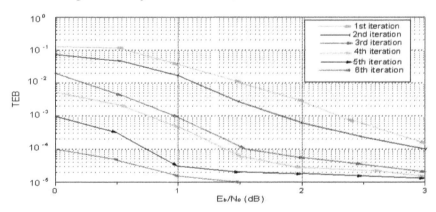

Figure III.11 Evaluation du TEB d'un code LDPC hybride de rendement R=1/2 sur canal gaussien et de paramètres M=1000, N=2000 et démonstration du caractère itératif du code LDPC.

Les figures III.5 jusqu'à III.11 montrent le caractère itératif du code LDPC hybride. Ces figures montrent aussi que le TEB diminue au fur et à mesure que le nombre d'itération augmente. Par contre, les courbes montrent que le code LDPC hybride a un meilleur TEB que le turbo-code.

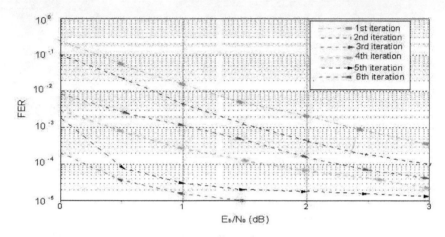

Figure III.12 Evaluation du FER d'un code LDPC hybride de rendement R=1/2 sur canal gaussien et de paramètres M=1000, N=2000 et démonstration du caractère itératif du code LDPC.

        La figure ci-dessus montre le caractère itératif du code LDPC hybride quand on évalue le FER. Ce dernier diminue au fur et à mesure que le nombre d'itération augmente.

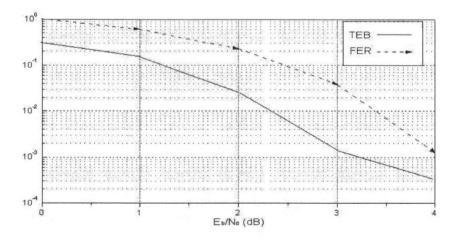

Figure III.13. Évaluation du TEB et du FER d'un code LDPC hybride de rendement R = 1/2 de paramètres M=1000, N=2000 sur canal gaussien associé à une modulation MDP-2

La figure III.13 montre l'évaluation par simulation du TEB et du FER d'un code LDPC hybride de rendement R = 1/2, de paramètres (M = 1000, N = 2000) en utilisant la modulation MDP-2 en fonction du rapport signal sur bruit E_b/N_0 (dB) sur un canal gaussien. D'après les résultats, on remarque que le TEB est meilleur que le FER, si on considère un SNR = E_b/N_0 (dB) (par exemple 2,5 dB), on a un TEB=5.10^{-3} et un FER de 10^{-1}.

Inversement, si nous considérons un TEB et un FER de 10^{-2}, on remarque qu'il faudrait un SNR de 2,4 dB pour le TEB et 3,4 dB pour le FER, donc nous avons un gain en dB de G (dB) = 3,4 – 2,4 = 1dB.

Dans la figure suivante, nous montrons le comportement itératif des différents correcteurs d'erreurs à la 5ème et 6ème itérations. Ces codes seront le code LDPC hybride, le turbo-code poinçonné et le turbo-code non poinçonné.

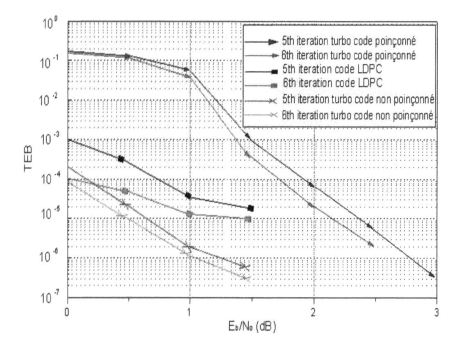

Figure III.14. Evaluation du TEB du code LDPC hybride, du turbo-code poinçonné et du turbo-code non poinçonné de rendement R=1/2 sur canal gaussien à la 5ème et 6ème itération

La figure III.14 montre l'évaluation par simulation du TEB d'un turbo code poinçonné, un turbo code non poinçonné et d'un code LDPC hybride de rendement R = 1/2, de paramètres (M = 1000, N = 2000) en utilisant la modulation MDP-2, de la cinquième et la sixième itération, en fonction du rapport signal sur bruit E_b/N_0 (dB) sur un canal gaussien.

Si on choisit un SNR de 1dB, à la 5ème itération le TEB du turbo-code non poinçonné est de 1.10^{-6}, le TEB du turbo-code poinçonné est de 6.10^{-2}, par contre le TEB du code LDPC hybride est de $3,5.10^{-5}$. Cette figure montre que le code LDPC hybride reste attractif bien que le turbo-code non poinçonné est meilleur.

Dans ce chapitre, nous avons présenté une étude sur les codes LDPC hybrides, leur représentation graphique et leur processus de décodage itératif.

La condition, pour que ces codes soient stables, a aussi été objet de notre étude, ainsi que les avantages par rapport aux autres codes qui utilisent le décodage itératif.

Conclusion générale et perspectives

Conclusion générale

Dans ce mémoire de fin d'étude, nous avons étudié une nouvelle classe des codes LDPC appelés codes LDPC hybrides. Les propriétés spécifiques d'un ensemble des codes LDPC hybrides ont été étudiées pour avoir des bonnes performances à partir des deux conditions de stabilité.

Les conditions de stabilité font que les codes LDPC hybrides sont plus intéressants que les codes LDPC non-binaires. L'étude de la condition de stabilité a permit de conclure qu'il existe plusieurs cas où les codes LDPC hybrides peuvent être stables à un rapport signal sur bruit SNR faible par rapport à ceux des codes LDPC non-binaires.

Nous avons aussi comparé les codes LDPC hybrides aux autres codes correcteurs d'erreurs telles que les turbo-codes en évaluant leur TEB, en montrant le caractère itératif. Ainsi, nous allons donner quelques axes de recherche où les codes LDPC pourraient être l'élément principal.

Comme perspective, ça serait intéressant d'étudier les codes LDPC hybrides sur des autres canaux de transmission du fait que nous avons fait les simulations que sur un canal gaussien associé à la modulation MDP-2.

Une autre perspective serait de prendre plusieurs antennes à l'entrée d'une chaine de transmission et plusieurs à la sortie.

Il faudrait aussi voir si la TNT marche avec les codes LDPC.

Bibliographie

[1] G. Liva, W. Ryan, and M. Chiani, "Design of quasi-cyclic Tanner codes with low error floors," in *Proceedings of IEEE International Symposium on Turbo Codes,* Munich, Germany, April 2006.

[2] L. Ping, W. Leung, and K. Wu, "Low-rate Turbo-Hadamard codes," *IEEE Transactions on Information Theory,* vol. 49, no. 12, pp. 3213–3224, December 2003.

[3] G. Yue, W. Leung, L. Ping, and X. Wang, "Low rate concatenated Zigzag-Hadamard codes," in *Proceedings of International Conference on Communications,* Istanbul, Turkey, June 2006.

[4] N. Shimanuki, B. Kurkoski, K. Yamagichi, and K. Kobayashi, "Improvements and extensions of low-rate Turbo-Hadamard codes," in *Proceedings of ISITA,* Seoul, Korea, October 2006.

[5] C. E. Shannon, "A mathematical theory of communication, "Bell Systems Technical *Journal,* vol. 27, pp. 379–423,623–656, July 1948.

[6] R. Gallager, "Low-density parity-check codes, "PhD dissertation, MIT press, Cambridge, Massachusetts, 1963.

[7] D. J. C. MacKay, "Good error-correcting codes based on very sparse matrices," *IEEE Transactions on Information Theory,* vol. 45, no. 2, pp. 399–431, 1999.

[8] Y. Kou, S. Lin, and M. Fossorier, "Low-density parity-check codes based on finite geometries: a rediscovery and new results," *IEEE Transactions on Information Theory,* vol. 47, November 2001.

[9] T. Richardson, A. Shokrollahi, and R. Urbanke, "Design of capacity-approaching irregular LDPC codes," *IEEE Transactions on Information Theory,* vol. 47, no. 2, pp. 619–637, February 2001.

[10] T. J. Richardson and R. L. Urbanke, "The capacity of low-density parity-check codes under message-passing decoding," *IEEE Transactions on Information Theory,* vol. 47, no. 2, pp. 599–618, February 2001.

[11] C. Berrou and A. Glavieux, "Near optimum error correcting coding and decoding: turbo-codes," *IEEE Transactions on Communications,* vol. 44, no. 10, pp. 1261– 1271, October 1996.

[12] J. Pearl, *Probabilistic reasoning in intelligent systems: networks of plausible inference.* Morgan Kaufmann, 1988.

[13] S. Ten Brink, "Convergence behavior of iteratively decoded parallel concatenated codes," *IEEE Transactions on Communications,* vol. 49, no. 10, pp. 1727–1737, October 2001.

[14] S. Y. Chung, G. D. Forney, T. J. Richardson, and R. Urbanke, "On the design of low density parity-check codes within 0.0045 db of the Shannon limit," *IEEE Communications Letters*, vol. 5, pp. 58–60, February 2001.

[15] K. Price and R. Storn, "Differential evolution - a simple and efficient heuristic for global optimization over continuous spaces," *Journal on Global Optimization*, vol. 11, pp. 341–359, 1997.

[16] P. Oswald and M. A. Shokrollahi, "Capacity-achieving sequences for the erasure channel," *IEEE Transactions on Information Theory*, vol. 48, pp. 364–373, December 2002.

[17] V. Chernyak, M. Chertkov, M. Stepanov, and B. Vasic, "Error correction on a tree: An instanton approach," *Physical Review Letters*, vol. 93, no. 19, p. 198, November 2004.

[18] M. Chiani and A. Ventura, "Design and performance evaluation of some high-rate irregular low-density parity-check codes," in *Proceedings of IEEE Global Telecommunications Conference*, San Antonio, USA, November 2001.

[19] C. Di, R. Urbanke, and T. Richardson, "Weight distribution of low-density parity-check codes," *IEEE Transactions on Information Theory*, vol. 52, no. 11, pp. 4839–4855, November 2006.

[20] X.-Y. Hu, E. Eleftheriou, and D. Arnold, "Regular and irregular progressive edge-growth Tanner graphs," *IEEE Transactions on Information Theory*, vol. 51, pp. 386–398, January 2005.

[21] M. P. C. Fossorier, "Quasi-cyclic low-density parity-check codes from circulant permutation matrices," *IEEE Transactions on Information Theory*, vol. 50, pp. 1788–1793, August 2004.

[22] H. Jin, A. Khandekar, and R. McEliece, "Irregular Repeat-Accumulate codes," in *Proceedings of Int. Symp. on Turbo codes and Related Topics*, Brest, France, September 2000.

[23] D. Divsalar, C. Jones, S. Dolinar, and J. Thorpe, "Protograph based LDPC codes with minimum distance linearly growing with block size," in *Proceedings of IEEE Global Telecommunications Conference*, St. Louis, USA, November 2005.

[24] T. Richardson and R. Urbanke, "Multi-edge type LDPC codes," *available online*, April 2004.

[25] J. Boutros, O. Pothier, and G. Zemor, "Generalized low density (Tanner) codes," in *Proceedings of IEEE Int. Conf. on Communications*, Vancouver, Canada, June 1999.

[26] E. Paolini, M. Fossorier, and M. Chiani, "Analysis of doubly-generalized LDPC codes with random component codes for the binary erasure channel," in *Proceedings of Allerton Conference on Communications, Control and Computing*, Monticello, USA, Sept 2006.

[27] I. Andriyanova, "Analysis and design of a certain family of graph-based codes: TLDPC," PhD dissertation, Ecole Nationale Supérieure des Télécommunications, Paris, France, 2006.

[28] M. Davey, "Error-correction using low density parity check codes," PhD dissertation, University of Cambridge, Cambridge, UK, December 1999.

[29] X.-Y. Hu and E. Eleftheriou, "Binary representation of cycle Tanner-graph GF(2q) codes," in *Proceedings of IEEE International Conference on Communications*, Paris, France, June 2004, pp. 528–532.

[30] C. Poulliat, M. Fossorier, and D. Declercq, "Design of regular (2,dc)-LDPC codes over GF(q) using their binary images," *accepted in IEEE Transactions on Communications*, 2008.

[31] T. J. Richardson, "Error floors of LDPC codes," in *Proceedings of 41st Annual Allerton Conf. on Communications, Control and Computing*, 2003, pp. 1426–1435.

[32] J. G. Proakis, *Digital communications. Fourth edition.* MacGraw-Hill, 2001.

[33] S. lin and D. J. Costello, *Error-control coding.* Prentice Hall, 1983.

[34] I. S. Reed and G. Solomon, "Polynomial codes over certain finite fields," *SIAM Journal of Applied Mathematics*, vol. 8, pp. 300–304, 1960.

[35] A. J. Viterbi, "Error bounds for convolutional codes and asymtotically optimum decoding algorithm," *IEEE Transactions on Information Theory*, vol. 13, pp. 260– 269, April 1967.

[36] R. M. Tanner, "A recursive approach to low complexity codes," *IEEE Transactions on Information Theory*, vol. 27, pp. 533–547, September 1981.

[37] D.J.C.MacKay and R. Neal, "Near Shannon limit performance of low-density parity-check codes," *Electronics Letters*, vol. 33, no. 6, pp. 457–458, March 1997.

[38] A. Goupil, M. Colas, G. Gelle, and D. Declercq, "FFT-based BP decoding of general LDPC codes over abelian groups," *IEEE Transactions on Communications*, vol. 55, no. 4, pp. 644–649, April 2007.

[39] A. Voicila, D. Declercq, F. Verdier, M. Fossorier, and P. Urard, "Low complexity, low memory EMS algorithm for non-binary LDPC codes," in *Proceedings of IEEE International Conference on Communications*, Glasgow, UK, June 2007.

[40] J. Chen, A. Dholakia, E. Eleftheriou, M. Fossorier, and X.-Y. Hu, "Reduced-complexity decoding of LDPC codes," *IEEE Transactions on Communications*, vol. 53, no. 8, pp. 1288–1299, August 2005.

[41] A. Bennatan and D. Burshtein, "Design and analysis of non-binary LDPC codes for arbitrary discrete memoryless channels," *IEEE Transactions on Information Theory*, vol. 52, no. 2, pp. 549–583, February 2006.

[42] S. Chung, T. Richardson, and R. Urbanke, "Analysis of sum-product decoding LDPC codes using a Gaussian approximation," *IEEE Transactions on Information Theory,* vol. 47, no. 2, pp. 657–670, February 2001.

[43] A. Venkiah, D. Declercq, and C. Poulliat, "Design of cages with a randomized progressive edge growth algorithm," *IEEE Communications Letters,* vol. 12, no. 4, pp. 301-303, February 2008.

[44] K. Kasai, T. Shibuya, and K. Sakaniwa, "Detailedly represented irregular LDPC codes," *IEICE Transactions on Fundamentals,* vol. E86-A, no. 10, pp. 2435–2443, October 2003.

[45] G. Liva, S. Song, L. Lan, Y. Zhang, S. Lin, and W. E. Ryan, "Design of LDPC codes: a survey and new results," *to appear in Journal on Communication Software and Systems,* 2006, available online.

[46] D. Sridhara and T. Fuja, "Low density parity check codes over groups and rings," in *Proceedings of IEEE Information Theory Workshop,* Bangladore, India, October 2002.

[47] J. Boutros, A. Ghaith, and Y. Yuan-Wu, "Non-binary adaptive LDPC codes for frequency selective channels: code construction and iterative decoding," in *Proceedings of IEEE Information Theory Workshop,* Chengdu, China, October 2006.

[48] E. Paolini, "Iterative decoding methods based on low-density graphs," PhD dissertation, Universitadeglistudi di Bologna, Bologna, Italia, 2007.

[49] C. Poulliat, M. Fossorier, and D. Declercq, "Design of non-binary LDPC codes using their binary image: algebraic properties," in *Proceedings of IEEE International Symposium on Information Theory,* Seattle, USA, July 2006.

[50] S. ten Brink, G. Kramer, and A. Ashikhmin, "Design of low-density parity-check codes for modulation and detection," *IEEE Transactions on Communications,* vol. 52, pp. 670–678, April 2004.

[51] A. G. Kolpakov, "The solution of the convex combination problem," *Journal on Computational mathematics and mathematical physics,* vol. 32, no. 8, pp. 1183–1188, 1992.

[52] W. Press, S. Teukolsky, , W. Vetterling, and B. Flannery, *Numerical recipes in C. Second edition.* Cambridge University Press, 1992.

[53] S. ten Brink, "Code doping for triggering iterative decoding convergence," in *Proceedings of IEEE International Symposium on Information Theory,* Washington DC, USA, 2001.

[54] A. Brouwer and T. Verhoeff, "An updated table of minimum distance for binary linear codes," *IEEE Transactions on Information Theory,* vol. 39, no. 2, pp. 662–677, March 1993.

[55] D. Declercq and M. Fossorier, "Decoding algorithms for non-binary LDPC codes over GF(q)," *IEEE Transactions on Communications,* vol. 55, no. 4, pp. 633–643, April 2007.

[56] A. Viterbi, "Very low rate convolutional codes for maximum theoretical performance of spread-spectrum multiple-access channels," *IEEE Journal on Selected Areas on Communications,* vol. 8, pp. 641–649, May 1990.

[57] X.-Y. Hu and M. Fossorier, "On the computation of the minimum distance of low-density patity-check codes," in *Proceedings of IEEE International Conference on Communications,* Paris, June 2004.

[58] G. Yue, L. Ping, and X. Wang, "Low-rate generalized LDPC codes with Hadamard constraints," in *Proceedings of IEEE International Symposium on Information Theory,* Adelaide, Australia, September 2005.

[59] Y.-H. Tseng and J.-L.Wu, "High-order perceptrons for decoding error-correcting codes," in *IEEE International Joint Conference on Neural Networks,* vol. 3, Baltimore, USA, June 1992, pp. 24–29.

[60] L. Bazzi, T. Richardson, and R. Urbanke, "Exact thresholds nd optimal codes for the binary-symmetric channel and gallager's decoding algorithm a," *IEEE Trans- actions on Information Theory,* vol. 50, no. 9, pp. 2010–2021, 2004.

[61] M. Sipser and D. Spielman, "Expander codes," *IEEE Transactions on Information Theory,* vol. 42, no. 6, pp. 1710–1722, November 1996.

[62] D. Burshtein and G. Miller, "Expander graph arguments for message passing algorithms," *IEEE Transactions on Information Theory,* vol. 47, no. 2, pp. 782–790, February 2001.

[63] C. Di, D. Proietti, T. Richardson, E. Teletar, and R. Urbanke, "Finite length analysis of low-density parity-check codes," *IEEE Tansactions on Information Theory,* vol. 48, pp. 1570–1579, June 2002.

[64] D. Burshtein, "On the error correction of regular LDPC codes using the flipping algorithm," in *Proceedings of IEEE International Symposium on Information Theory,* Nice, France, June 2007, pp. 226–230.

[65] C. Poulliat, M. Fossorier, and D. Declercq, "Using binary image of non-binary LDPC codes to improve overall performance," in *Proceedings of IEEE International Symposium on Turbo Codes,* Munich, Germany, April 2006.

[66] A. Voicila, D. Declercq, F. Verdier, M. Fossorier, and P. Urard, "Low complexity decoding for non-binary LDPC codes in high order fields," *accepted for publication in IEEE Transactions on Communications,* 2008.

[67] L. Sassatelli and D. Declercq, "Non-binary hybrid LDPC codes: Structure, de- coding and optimization," in *Proceedings of IEEE Information Theory Workshop,* Chengdu, China, October 2006.

[68] L. Sassatelli, W. Henkel, and D. Declercq, "Check irregular LDPC codes for unequal error protection under iterative decoding," in *Proceedings of IEEE International Symposium on Turbo Codes,* Munich, Germany, April 2006.

[69] D. Declercq, M. Colas, and G. Gelle, "Regular GF(2q)-LDPC coded modulations for higher order QAM-AWGN channels," in *Proceedings of ISITA,* Parma, Italy, October 2004.

[70] R. Gallager, "Low-density parity check codes," *IEEE Transactions on Information Theory,* vol. 39, no. 1, pp. 37–45, January 1962.

[71] K. Li, X. Wang, and A. Ashikhmin, "Exit functions of Hadamard components in Repeat-Zigzag-Hadamard codes," in *Proceedings of IEEE International Symposium on Information Theory,* Nice, France, June 2007.

[72] H. Jin and R. McEliece, "RA codes achieve awgn channel capacity," in *Proceedings of IEEE International Symposium on Applied Algebra and Error-Correcting Codes,* Honolulu, HI, November 1999, pp. 14–19.

[73] P. Thitimajshima, « Les codes Convolutifs Récursifs Systématiques et leur application à la concaténation parallèle », Thèse de Doctorat en Electronique, Université de Bretagne Occidentale, France, 1993.

[74] E. R. Berlekamp, *Algebraic Coding Theorie.* Aegean Park Press, 1968.

[75] L. Yin, J. Lu,L.,K.B., Y. Wu,«Burst-error-correcting algorithm for Reed-Solomon codes and its performance over a bursty channel », *Proc. IEEE Int. C. on Circuits and Systems and West Sino Expositions'02,* Volume 1, Issue , 29 June-1 July 2002, pp.77–81.

[76] Y. Fei Guo, Z. C. Li, Q. Wang, « An area-efficient Reed-Solomon decoder for HDTV channel demodulation », *Proc. of the 2nd IEEE ASME'06,* pp. 1–5, Aug. 2006.

[77] D.Declercq,«OptimisationetperformancesdescodesLDPCpourlescanauxnon-standards», Habilitation à diriger les Recherches, Université de Cergy-Pontoise, Décembre 2003.

[78] C. Poulliat, D. Declercq, C. Lamy Bergot, I. Fijalkow, « Analysis and optimization of irregular LDPC codes for joint source-channel decoding », *IEEE Communications Letters,* Vol. 9, No. 12, pp. 1064–1066, December 2005.

[79] R. C. Bose and D.K. Ray-Chaudhuri. On a class of error correcting binary group codes. *Inf. and Control,* 3 pp. 68–79, Mars 1960.

[80] A. Hocquengehm. « Codes correcteurs d'erreurs », *Chiffres,* 2, pp. 147–156, 1959.

[81] W. W. Peterson. Encoding and error correcting procedures for the Bose-Chaudhuri codes. *IRE Trans. Theory,* IT-6, pp. 459–470, Sept. 1960.

[82] S. M. Reddyand, J. P. Robinson Random error and burst correction by iterated codes. IEEETrans.Inform. *Theory,* 18, pp. 182–185, 1972.

[83] V. Cappellini, Data Compression and Error Control Techniques with Applications, Academic Press,1985.

[84] A. J. Viterbi. « Error bounds for convolutional codes and an asymptotically optimum decoding algorithm ». *IEEE Trans. on Inf. Theory,* IT-13, pp. 260–269, April. 1967.

[85] J. Jin, C-Y. Tsui, « A low power Viterbi decoder implementation using scarce state transition and path running scheme for high throughput wireless applications », *Proc. IEEE ISLPED'06*, pp. 406–411, Tegernsee, Hong Kong, 4–6 Oct. 2006.

[86] L-F. Chen, Ch-Y. Lee, « Design of a DVB-T/H COFDM receiver for portable video applications », *IEEE Communications Magazine*, vol. 45, pp. 112–120, Aug. 2007, Toronto, Ont., Canada.

[87] M. Eroz, F-W. Sun, L-N. Lee, « DVB-S2 low density parity check codes with near Shannon limit perfor- mance », *International Journal of Satellite Communications and Networking*, vol. 22, pp. 269–279, June 2004.

[88] P. Elias, « Error Free Coding », *IRE Transaction on Inf. Theory*, vol. IT-4, pp. 29–37, September 1954.

[89] C. E. Shannon. « A mathematical theory of communication », *Bell System Technical Journal*, 27, pp. 623–656, October 1948.

[90] T. Richardson and R. Urbanke. « The capacity of low-density parity check codes under message-passing decoding », *IEEE Transactions on Information Theory*, 47, pp. 599-618, *February 2001. ETSI en 302 307 v1.1.1 digital video broadcasting, second generation framing structure, channel coding and modulation systems for broadcasting, interactive services, news gathering and other broadband satellite applications.*

[91] J. J. Boutros, « Les turbo codes parallèles et séries, décodage SISO et performance ML », rapport, Oct. 1998.

[92] Cheng Chao, K.K. Parhi, « High-Speed Parallel CRC Implementation Based on Unfolding, Pipelining, and Retiming », *IEEE Transactions on Circuits and Systems*, pp. 1017–1021, vol. 53, issue 10, Oct. 2006.

[93] R. J. Glaise, "two-step computation of cyclic redundancy code CRC-32 for ATM networks," *IBM J. Res. Develop.*, vol. 41, pp. 705–709, 1997.

[94] Jun Zhang, Zhi-Gong Wang, Qing-Sheng Hu, Jie Xiao, « Optimized design for high-speed parallel BCH encoder », *IEEE Transactions on Circuits and Systems*, pp. 427–431, May 2005.

[95] Cho Junho, Sung Wonyong, « Strength-Reduced Parallel Chien Search Architecture for Strong BCH Codes », *Proc. IEEE VLSI Design and Video Technology*, pp. 97–100, volume 55, issue 5, May 2008.

[96] T. K. Matsushima, T. Matsushima, and S. Hirasawa, « Parallel encoder and decoder architectures for cyclic codes », *IEICE Trans. A*, vol. E79–A, pp. 1313–1323, September 1996.

[97] H. Jaber, F. Monteiro, A. Dandache, « An Effective Fast and Small Area Parallel-Pipeline Architecture for OTM-Convolutional Encoders », *IEEE IOLTS'09*, June 24 - 27, Lisbon, Portugal.

[98] W. W. Peterson, E. J. Weldon, « Error-Correcting Codes », *second Ed., The MIT Press,* Cambridge, Massachusetts, 1972.

[99] Yen-Liang Chen, Chun-Yu Chen, Kai-Yuan Jheng, An-Yeu Wu, « A universal look-ahead algorithm for pipelining IIR filters », *IEEE VLSI-DAT'08,* pp. 259–262, Apr. 23-25, 2008.

[100] R. W. Hamming, « Error detecting and error correcting codes », *Bell System Tech. J.,* vol. 29, no. 2, pp. 147–160, Apr. 1950.

[101] L. T. Wang, « Autonomous linear feedback shift register with on-line fault-detection capability », *Dig. Pap. 12th Int. FTC Symp.,* Santa Monica, CA, Jun. 1982, pp. 311–314.

[102] G. C. Cardarilli, S. Pontarelli, M. Re, and A. Salsano, « Concurrent error detection in Reed-Solomon encoders and decoders », *IEEE Trans. VLSI Systems,* vol. 15, no. 7, pp. 842–846, July 2007.

[103] A. J. Viterbi. Error bounds for convolutionnal codes and an asymptotically optimum decoding algorithm. *IEEE Trans. Inform. Theory,* vol. 13, pp. 260–269, 1967.

[104] G. Clark and J. B Cain. Error-Correction Coding for Digital Communications. *Plenum Press,* 1981.

[105] P. Elias. Predictive coding – part I. IEEE Transactions on Information Theory, 1(1):16–24,March 1955.

[106] P. Elias. Predictive coding – part II. IEEE Transactions on Information Theory, 1(1):24–33,March 1955.

[107] A. J. Viterbi, "Convolutionnal codes and their performances in communication Systems", IEEE Trans. On Commun. Vol. COM-19, pp. 751-772, Oct. 1971.

[108] G. D. Forney, Jr, "The Viterbi Alghoritm", Proc of the IEEE, Vol.61, N° 3, pp. 268-278, Mar. 1973.

[109] A. Glavieux, "Théorie de l'information et du codage", Polycopié de cours E.N.S.T. de Bretagne, Brest, Sept. 1992.

[110] Glavieux Alain / Joindot Michel, Communications numériques, Paris, Masson, 1996.

[111] Bic J.C. / Duponteil D. / Imbeaux J.C., Eléments de communications numériques, Transmission sur fréquence porteuses, Paris, Dunod, 1986.

[112] F. Coulon, Théorie et traitement des signaux, Paris, Dunod, 1984.

[113] Lawrence E. Larson, RF and Microwave Circuit Design for Wireless Communications, Boston London, Artech House, 1996.

[114] John G. Proakis, Digital communications, USA, McGraw-Hill 1989.

[115] Michel Degauque, Transmission numérique sur porteuse : ASK, FSK et PSK. Probatoire du CNAM de Bordeaux, juillet 1998.

Les sites internet

www.igm.univ-mlv.fr
www.comelec.enst.fr
www.4i2i.com/Reed Solomon-codes.html
www.themanualpage.org/glossaire
www.sweegy.ch/fileadmin/documents/documents/reports/Projet
www.math.sunysb.edu/ scott/Book331/Fractal_Dimension.html
www.icsi.berkeley.edu/ storn/code.html